신성한 경륜

The Divine Economy

by Witness Lee

Originally Published by
Living Stream Ministry, Anaheim, California, U. S. A.

Printed in Korea.

신성한 경륜

위트니스 리

한국복음서원

차례

* 이 책에 인용된 성경 본문은 〈회복역 성경〉을 사용하였습니다.
* 이 책에 인용된 찬송가는 특별한 언급이 없는 경우 한국복음서원 찬송가입니다. 영어 찬송가는 리빙 스트림 미니스트리(Living Stream Ministry)에서 출간한 것입니다.

서문

이 책은 위트니스 리 형제님이 1984년 3월 3일부터 10일까지의 기간에 브라질에서 전한 메시지들로 되어 있습니다.

1

신성한 경륜

The Divine Economy

제1장

신성한 경륜

성경: 엡 1:9-10, 3:9-11, 2-6, 고전 9:16-17,
딤전 1:3-4

하나님의 선한 기쁨과 뜻과 목적

신성한 경륜은 신약의 중심 주제이지만, 과거 수 세기 동안 그리스도인들 가운데 그다지 많이 다루어지지 않았다. 하나님의 경륜의 문제는 바울의 글들에서 크게 발전된다. 에베소서는 그리스도의 몸인 교회를 얻기 위한 하나님의 영원한 목적에 관한 책이다. 그러한 책에서 바울은 '경륜'이라는 단어를 사용한다(1:10, 3:2, 9). 에베소서에서 사도 바울은 그리스도의 몸인 교회가 하나님의 경륜에 속한 어떤 것임을 우리에게 보여 주기를 원한다. 바울은 '경륜'이라는 단어를 '선한 기쁨'과 '뜻'과 '목적'과 같은 다른 단어들과 연관 지어 사용한다(1:9, 11). 하나님은 선한 기쁨 곧 그분의 마음의 갈망을 갖고 계신다. 또한 그분의 선한 기쁨에 따른 뜻을 갖고 계신다. 내가 어떤 곳을 방문하는 이유는 먼저 갈망이 있기 때문이다. 그런 다음 나는 그곳에 가기로 결정한다. 이것은 나의 갈망 곧 나의 선한 기뻠에 따라 나의 뜻을 행사한 것이다. 하나님의 뜻은 그분의 갈망에서 나왔다. 에베소서에서 '목적'이라는 단어는 명사와 동사로 사용된다(3:11, 1:9). 목적은 뜻에서 나온다. 하나님의 마음속에는 어떤 갈망이 있었고, 이 갈망으로부터 하나님은 뜻을 세우셨다. 하나님은 자신의 뜻에 따라 목적을 정하셨다.

하나님의 경륜

하나님은 목적을 가지고 계시므로 경륜이 필요하시다. '경륜'에 대한 헬라어는 '오이코노미아(oikonomia)'이다. 이 헬라어는 두 단어로 이루어져 있는데, 바로 '가정'이나 '가족'을 의미하는 '오이코스(oikos)'와 '법'을 의미하는 '노모스(nomos)'이다. 경륜은 가정의 법 곧 가정 행정이다. 하나님의 가정 행정은 하나님의 목적 곧 하나님의 계획을 수행하기 위해 있다. 하나님의 경륜은 하나님께서 그분의 영원한 목적을 수행하시기 위해 계획하신 행정이다.

우리 모두는 하나님의 영원한 목적이 무엇인지를 깨달아야 한다. 성경학자들은 하나님께서 계획하신 행정 안에 여러 시대가 있음을 발견했다. 성경은 우리에게 율법 전 시대와 율법 시대와 은혜 시대와 왕국 시대를 밝혀 준다. 이것들은 성경에 계시된 네 주요 시대이다. 율법 전 시대는 아담부터 모세까지였다(롬 5:13-14). 율법 시대는 모세부터 그리스도의 첫 번째 오심까지였다(요 1:17). 은혜 시대는 그리스도의 첫 번째 오심부터 두 번째 오심까지이다(요 1:17, 딛 2:11). 네 번째 시대는 왕국 시대, 곧 그리스도께서 천 년 동안 왕으로서 다스리시는 천년왕국 시대일 것이다(계 20:4-6). 이 네 시대에서 하나님은 그분의 백성을 대하시는 각각의 방식을 갖고 계신다. 율법 전 시대에서 하나님은 주로 그분의 약속에 기초를 둔 그분의 긍휼과 은혜에 따라 족장들을 대하셨다. 모세 때부터 그리스도의 첫 번째 오심까지의 율법 시대에서 하나님은 율법에 따라 그분의 백성을 대하셨다. 그리스도의 첫 번째 오심부터 두 번째 오심까지의 은혜 시대에서 하나님은 그분의 은혜에 따라 우리를 대하신다. 그리스도의 두 번째 오심 후에 천 년 동안 하나님은 그분의 왕국에 따라 그분의 백성을 대하실 것이다. 이것이 곧 하나님께서 서로 다른 네 시대에서 백성을 대하시는 서로 다른 네 주요 방식이다. 성경 교사들은 이러한 네 시대를 보기는 했지만 하나님께서 이 네 주요 방식으로 백성을 대하시는 목적을 우리에게 말해 주지 않았다.

'경륜'이라는 단어의 어원을 추적해 보면, 이것은 양식을 나누어 주는 것 즉 양식 꾸러미를 나누어 주는 것을 가리키는 말로 거슬러 올라간다. 요셉은 이것에 대한 좋은 예이다. 그의 일은 모든 굶주린 사람에게 먹을 것을 주기 위해 파라오의 모든 식량을 나누어 주는 것이었다. 이 어원은 또한 풀을 뜯는 가축에게 먹을 것을 나누어 주는 것을 의미한다. 나누어 준다는 것은 분배하는 것이다. 하나님은 그분의 경륜 안에서 그분 자신을 그분의 백성 안에 생명과 생명 공급과 모든 것으로 분배하신다. 하나님은 그분 자신을 우리에게 양식으로 분배하기를 원하신다.

성경은 하나님께서 우리에게 양식처럼 풍성하시다고 말한다. 주 예수님은 자신이 생명의 떡임을 선포하셨고(요 6:48), 바울은 자신이 그리스도의 측량할 수 없는 풍성을 전파할 책임을 맡았다고 말한다(엡 3:8). 그리스도는 생명이시며 그분의 풍성은 측량할 수 없다. 생명의 이 모든 풍성은 그분의 믿는 이들 안에 분배되기 위해 있다. 바울은 이러한 풍성을 분배하는 사람인 청지기가 되도록 위임받았다. 요셉이 파라오 집안의 풍성한 양식을 분배해 주는 큰 청지기였던 것과 마찬가지로 바울은 청지기가 되어야 했다. 구약에서 요셉은 배고픈 백성에게 양식을 분배했고, 신약에서 사도 바울은 믿는 이들에게 그리스도의 측량할 수 없는 풍성을 분배했다. 이로써 우리는 '오이코노미아'의 합당한 의미가 무엇인지를 볼 수 있다. 그것은 바로 삼일 하나님의 신성한 풍성을 그분께서 선택하시고 구속하신 백성 안에 생명과 생명 공급으로 분배하는 하나님의 가정 행정이다.

에베소서와 고린도전서와 디모데전서에서 선정한 절들에서 우리는 이러한 분배로 말미암아 교회가 산출되었음을 볼 수 있다. 교회는 그리스도의 측량할 수 없는 풍성을 분배받아 산출되었다. 교회는 종교적인 조직이 아니라 그리스도의 풍성을 모든 믿는 이 안에 분배하여 산출된 그리스도의 몸이다. 주 예수님의 이름 안으로 모일 때마다(마 18:20) 우리는 그리스도의 풍성이 우리 존재 안에 분배되는 것을 누린다. 삼일 하나님께서 이렇게 우리 안에 분배되심으로 우리는 그리스도의 몸의 지체들이 된다. 교회생활 안에서 주님은 여러 다른 백성과 종족 가운데에서 우리를 구속하셨지만 우리 모두는 하나이다. 우리는 같은 생명을 가지고 있으므로 하나이다. 그리스도의 동일한 풍성이 우리 모두 안에 분배되었고 또한 분배되고 있다.

에베소서 3장 9절은 '하나님 속에 영원부터 감추어져 있던' 비밀의 경륜(오이코노미아)에 대하여 말한다. 하나님의 비밀은 감추어져 있던 그분의 목적인데, 그 목적은 그분께 선택받은 사람들 안으로 그분 자신을 분배하는 것이다. 그러므로 하나님의 비밀의 경륜이 있다. 이 비밀은 하나님 속에 영원부터(즉 영원 이후) 지난 모든 세대에 걸쳐 감추어져 있었다. 그러나 이제 이것은 신약의 믿는 이들에게 밝혀졌다. 아브라함과 모세와 심지어 다윗도, 감추어져 있던 하나님의 목적을 깨닫지 못했다. 하나님은 그분의 마음을 활짝 여시고, 감추어져 있던 그분의 비밀을 사도들에게 특히 사도 바울에게 보여 주셨다. 감추어져 있던 하나님의 목적은 그분의 경륜 곧 그분의 행정 계획으로서, 그분께 선택받은 모든 사람 안으로 그분 자신을 분배하는 것이다. 이 선택받은 사람들은 지구상의 각기 다른 민족과 문화에서 나왔다. 하나님은 그분의 백성을 각 지파와 언어와 백성과 민족에게서 구속하셨다(계 5:9). 하나님은 우리를 선택하셨고 그리스도께서 우리 존재 안에 분배되셨다. 이것은 하나님에 의해 계획되었으며, 이러한 하나님의 계획이 바로 그분의 경륜이었다.

하나님은 하나의 갈망 곧 선한 기쁨을 갖고 계셨으며 그것에 따라 뜻을 정하셨다. 이 뜻을 기초로 하여 하나님은 목적을 정하셨다. 그런 다음 하나님은 그분의 목적을 집행하실 계획을 세우셨는데, 이 계획은 그분께서 선택하신 모든 백성 안으로 그분 자신을 분배하시는 것이다. 이것이 바로 하나님의 경륜이다. 이것은 감추어져 있었으므로 비밀이었다. 그것은 사도 시대 전까지는 어느 누구에게도 알려지지 않았다. 에베소서와 고린도전서와 디모데전서에서 바울은 하나님께서 그러한 경륜을 갖고 계시며 그 경륜은 비밀이었지만 이제 우리 모두에게 알려졌다고 말한다. 이제 우리는 이 비밀을 안다. 우리는 하나님의 경륜을 알고 지금 그분의 분배를 누리고 있다. 삼일 하나님은 그분 자신을 우리 안에 분배하심으로 우리의 생명과 생명 공급이 되게 하신다. 그분은 우리가 그분으로 말미암아 살도록 그분 자신을 우리의 음식과 음료로서 우리 안에 분배하신다. 놀랍지 않은가? 이것은 종교보다 훨씬 더 좋다. 우리는 단지 일종의 종교적인 예배를 하기 위해 함께 모이는 것이 아니다. 우리는 놀라우신 삼일 하나님께서 우리 존재 안에 분배되시는 것을 누리기 위해 함께 모인다. 이것이 하나님의 신성한 분배이다. 우리는 그분 자신을 누리기 위해 함께 모인다. 이것이 하나님의 신성한 분배이다. 하나님은 '그분 자신'을 분배하기를 갈망하신다. 주님의 사역 안에서 우리는 오직 삼일 하나님 자신을 그분의 선민 안으로 나누어 주는 이러한 신성한 분배만을 주의한다.

하나님의 경륜은 그분의 지혜에 따른 것이다. 하나님은 그분의 지혜에 따라 사람을 중심으로 하는 우주를 창조하셨다. 하나님은 그분의 지혜로, 사람이 되시어 이 땅에서 삼십삼 년 반 동안 사셨고 십자가에서 죽으심으로 옛 창조물을 끝내셨으며 죽은 사람들 가운데서 부활하심으로 새 창조물을 발아시키셨다. 이것은 삼일 하나님이신 그분 자신을 우리 안에 분배하시려는 유일한 목적 때문이었다. 바로 이러한 방식으로 하나님의 각종 지혜가 교회를 통하여 알려지게 되었다(엡 3:10).

여기에 있는 우리 모두는 하나님의 지혜 아래 있다. 하나님께서 그분 자신을 우리 안에 분배하실 수 있도록 모든 것을 준비하시는 데 얼마나 다양한 지혜를 발휘하셨는지! 그분은 육체 되심, 십자가에 못 박히심, 부활, 모든 것을 포함한 구속을 준비하셨다. 이것은 그분 자신을 여러분과 내 안으로 분배하시려는 그분의 경륜을 수행하시기 위한 것이었다. 이것이 바로 완전한 복음이다. 복음은 단지 죄인들을 지옥에서 하늘나라로 구원하는 정도의 것이 아니다. 복음은 삼일 하나님께서 창조, 육체 되심, 인간 생활, 십자가에 못 박히심, 부활, 승천을 거치신 것과, 생명 주시는 영으로서 그분 자신과 함께 그분의 온 존재와 그분께서 도달하시고 획득하신 모든 것을 우리 존재 안에 분배하시는 것을 포함한다. 단지 죄인들을 지옥에서 하늘나라로 구원한다는 것은 너무 평범한 복음이다. 하나님의 복음은 삼일 하나님을 여러분과 내 안에 분배하는 것이다. 이것은 위대한 복음이다! 우리 모두는 신성한 삼일성을 죄인들 안에 분배하셔서 하나님의 아들들이 되게 하시는 신성한 분배에 대해 그분을 찬양하고 그분께 감사드려야 한다.

2

하나님의 창조에서 볼 수 있는 신성한 경륜 (1)

The Divine Economy in God's Creation (1)

제2장

하나님의 창조에서 볼 수 있는 신성한 경륜(1)

성경: 창 1:1, 26-27, 2:7-9, 10-14, 18-24

하나님의 경륜은 성경 전체의 주된 주제이지만 매우 비밀스럽다. 하나님의 경륜은 영원 과거에 하나님 속에 감추어져 있었고, 인류 역사의 처음 사천 년 동안에도 계속 하나님 속에 감추어져 있었다. 아담 때부터 사도 시대까지 하나님의 경륜은 사람에게 계시되지 않았다. 어느 날 주님은 사울(후에 바울이라 불림)이라는 이름의 한 사람을 부르셨다. 주님은 그를 거듭나게 하시고 그에게 하나님의 경륜을 보여 주셨다. 사도 바울은 하나님의 경륜이 영원부터 지난 모든 시대에 걸쳐 하나님 속에 감추어져 있었다고 말한다(엡 3:9). 바울은 하나님 속에 감추어져 있던 어떤 것, 즉 사람의 아들들에게는 결코 계시된 적이 없던 하나님의 마음속에 있는 어떤 것을 보기 시작한 사람이었다. 바울은 이 비밀에 대한 계시를 받았고, 따라서 그의 열네 서신서는 하나님의 경륜을 최대한으로 강조하고 두드러지게 하며 발전시킨다.

디모데전서 1장 3절과 4절에서 바울은 신약의 사역자와 교사는 오직 한 가지 곧 하나님의 경륜을 가르쳐야 한다고 말한다. 그 밖에 다른 것을 가르치는 것은 다르게 가르치는 것이다. 기독교는 주로 다른 가르침들에 의해 분열되어 왔지만 성경에는 오직 하나의 주된 가르침, 하나님의 경륜의 가르침만 있다. 이번 장에서 우리는 하나님의 창조에서 신성한 경륜을 보고자 한다.

하나님께서 사람을 그분의 형상대로 사람의 영을 지닌 그릇으로 창조하심

창세기 1장과 2장은 우리에게 하나님의 창조에 대하여 말해 준다. 이 장들은 우리의 창조주이신 전능하시고 영원하신 하나님을 밝혀 준다. 하나님은 우주를 창조하셨고 또한 사람을 창조하셨다. 창세기 1장 26절은 하나님께서 그분의 형상대로 그분의 모양에 따라 사람을 창조하셨다고 말한다. 사람은 하나님의 복사판이었다. 창세기 2장 7절은 하나님께서 사람을 창조하신 것에 대해 특별히 다음과 같이 기술한다. "여호와 하나님께서 땅의 흙으로 사람을 지으시고 그 코에 생명의 숨을 불어 넣으시자, 사람이 산 혼이 되었다." 하나님은 사람을 위해 몸을 창조하셨고, 이 몸은 하나님에 의해 흙으로 창조되었다. 우리 몸은 흙으로 된 것이다. 의학도들은 우리 몸의 요소가 흙의 요소와 동일하다고 말한다. 우리 몸은 흙으로 된 몸이기 때문에, 흙 속에 있는 것이 우리 몸속에도 있다. 그런 다음 하나님은 흙으로 된 이 몸속에 생명의 숨을 불어 넣으셨다. 이것은 하나님께서 사람을 두 요소로 창조하셨다는 뜻이다. 첫 번째 요소는 흙이고 두 번째 요소는 생명의 숨이었다. 한 요소는 물질적인 것이고 한 요소는 영적인 것이었다. 물질적인 몸은 우리가 만지고 볼 수 있지만, 생명의 숨은 보이지도 만져지지도 않는다. 하나님께서 흙으로 된 이 몸속에 생명의 숨을 불어 넣으실 때 어떤 것이 생겨 나왔는데, 바로 산 혼이었다. 생명의 숨이 흙으로 된 몸속에 들어가자 산 혼인 사람이 산출되었다. 이 생명의 숨이 곧 사람의 영이다. 잠언 20장 27절은 사람의 영이 여호와의 등이라고 말한다. 이 절에 있는 '영'에 대한 히브리어는 창세기 2장 7절에 있는 '숨'과 같은 단어이다. 이것은 사람의 몸속에 불어 넣어진 숨이 사람의 영이 되었음을 말해 준다. 이처럼 창세기의 처음 두 장에서, 우리는 사람이 하나님을 따라 만들어졌고 하나님의 복사판이었으며 사람의 영을 가진 존재로 창조된 것에 대한 분명한 그림을 보게 된다.

이제 우리는 하나님께서 자신의 형상대로 사람을 창조하셔서 자신의 복사판이 되게 하신 이유와, 영을 가진 사람을 창조하신 이유를 물어볼 필요가 있다. 하나님의 경륜은 이런 질문들에 대한 해답이다. 요한복음 4장 24절은 하나님께서 영이시니 우리가 영 안에서 그분께 경배해야 한다고 말한다. 오직 영만이 그 영께 경배할 수 있다. 하나님은 그분의 신성한 경륜으로 말미암아 그분 자신의 형상대로 그분의 모양에 따라 영을 지닌 사람을 창조하셨는데, 이것은 사람이 그분께 경배하고 그분을 접촉하게 하시려는 것이었다. 신성한 경륜은 사람 안으로 자신을 일해 넣으시는 하나님의 신성한 분배를 수행하는 것이다. 하나님께서 사람을 그분 자신의 형상대로 창조하시고 또한 영을 지닌 사람으로 창조하신 것은 그분 자신을 사람 안에 분배하시기 위한 것이었다.

용기(容器)는 항상 그 내용에 따라 만들어진다. 둥근 상자는 둥근 모양의 어떤 것을 담도록 만들어졌고, 사각형의 상자는 사각형 모양의 어떤 것을 담도록 만들어졌다. 하나님은 사람을 그분의 용기가 되게 하실 의도로 그분의 복사판으로 만드셨다. 로마서 9장에서 바울은 하나님께서 사람을 하나의 그릇, 곧 하나님을 담는 용기로 창조하셨다고 말한다(21, 23절).

이십 세 때부터 칠 년 반 동안, 나는 성경에 정통한 몇몇 교사와 함께 있었다. 그들은 나에게 시대들과 예언들과 예표들을 가르쳤다. 모든 것이 아주 좋았다. 그러나 그들은 하나님께서 사람을 그분의 용기로 지으셨다고 말해 준 적이 없었다. 우리 모두는 자신이 하나님을 담도록 지어졌음을 볼 필요가 있다. 어린 소년이었을 때 나는 주일 학교에 다녔다. 나는 하나님의 창조와 예수님에 대한 많은 이야기를 들었지만 나 자신이 하나님의 용기로 지어졌다는 말은 결코 듣지 못했다. 기독교의 교사들은 많은 것을 가르친다. 그들은 우리가 이웃을 사랑해야 하고, 아내는 남편에게 복종하고 남편은 아내를 사랑해야 하며, 자녀는 부모를 공경하고 부모는 자녀를 화나게 하지 말아야 하며, 종은 신실하고 주인은 친절할 필요가 있다고 가르칠지도 모른다. 우리 가운데 많은 이가 과거에 이런 것들을 배웠지만 자신이 하나님을 담도록 지어졌다는 말은 한 번도 듣지 못했다. 이것은 놀라운 말이다! 우리 모두에게는 "나는 하나님을 담는 그릇이다!" 라고 선포할 만한 깨달음이 있어야 한다. 하나님은 우리의 내용이 되기를 원하신다. 사랑과 빛과 거룩함과 의이신 하나님께서 우리의 내용이시다! 우리는 그분으로 충만하게 되어야 한다.

우리는 하나님께서 영이시라는 것을 반드시 깨달아야 한다. 전기가 보이지 않듯이 하나님도 보이지 않으신다. 에디슨(Edison)이 발명한 전등은 전기를 표현했다. 이와 마찬가지로, 무선 전파는 눈에 보이지 않지만 그 안에 일본 음악이나 이탈리아 노래가 있을지도 모른다. 라디오 안에 있는 수신기는 음악과 노래를 담고 있는 전파를 받아들인다. 사람은 수신기가 있는 라디오와 같아서, 보이지 않으시는 하나님을 받아들인다. 어느 날 하나님은 '우리의 영을 조율하셔서' 보이지 않으시는 영이신 그분을 받아들이게 하셨다. 우리 사람의 영은 우리가 '하늘에 속한 음악', 즉 보이지 않으시는 하나님을 받아들이도록 해 주는 수신기이다. 우리는 내적 수신기인 우리의 영을 사용하여, 놀라우신 삼일 하나님의 하늘에 속한 신성한 전달을 받아들일 수 있다. 우리가 주님을 향해 노래하거나 기도하며 주님의 이름을 부를 때, '하늘에 속한 전기'가 우리 안에 들어와 그리스도에 대한 누림으로 우리를 '열광하게' 한다. 우리는 하나님을 담도록 그분의 복사판들로 지어졌고 영을 지닌 존재로 창조되었다. 바로 이 영이 우리가 '하늘에 속한 무선 전파'이신 영 하나님을 받아들이도록 해 주는 수신기이다.

선한 사람이 아닌 하나님-사람

나는 청년이었을 때 모든 것을 빨리했다. 빨리 말했고 빨리 걸었다. 빠른 사람은 더 쉽게 화를 낸다. 나는 무언가를 빨리하고자 하는데 다른 사람이 느리게 행동하면 짜증이 났다. 나는 열아홉 살 때 구원을 받았다. 누나가 신학교에서 공부를 하다가 집으로 돌아왔다. 누나는 주님을 사랑했고 주님과 함께 나아가기를 원했다. 누나는 신학교에서 많은 '영적인' 그리스도인을 보았고 그들이 모든 것을 천천히 한다고 내게 말해 주었다. 즉 그들은 천천히 걷고 천천히 성경을 펼치고 천천히 말한다고 했다. 그 말을 듣고서 나는 느린 사람이 되기를 갈망했고 나의 조급함을 미워하기 시작했다. 그리고 아주 느린 사람들을 모방하기 시작했다. 나는 천천히 성경을 들고 천천히 걷고 심지어 천천히 성경을 읽으려고 노력했다. 그러나 결국에는 다시 조급함이 나왔다. 나는 내가 느린 사람이 아니라는 것을 깨달았다. 내가 느린 사람이 되려고 노력하는 것은 원숭이가 사람을 흉내 내려고 애쓰는 것과 같았다. 결국 원숭이는 다시 원숭이로 돌아가게 될 것이다.

그 후에 나는 많은 그리스도인 교사에게서 인내하고 겸손하고 친절해야 한다고 배웠다. 또한 매우 도덕적이어야 한다고 배웠다. 결국 나는 내가 사랑할 수도 없고 겸손할 수도 없으며 인내하거나 친절하거나 거룩하거나 의로울 수도 없다는 것을 깨달았다. 나는 매우 실망했고 오랫동안 몸부림쳤다. 어느 날 나는 사람이 결코 거룩할 수 없음을 보았다. 오직 하나님만이 거룩하실 수 있다. 검은 쇳덩어리가 금이 되기란 불가능한 일이다. 나는 하나님께서 원하시는 것이 바로 내 안으로 들어오셔서 나의 내용이 되시고, 나의 거룩함이 되시고, 나의 '금'이 되시는 것임을 보게 되었다. 이것을 보고 깨달았을 때 나는 몹시 흥분했다. 나는 내 안에 하나님을 갖게 된 것, 즉 하나님께서 나의 내용이 되신 것을 모든 이에게 말해 주고 싶었다. 하나님은 나의 생명이시고, 나의 거룩함이시고, 나의 사랑이시고, 나의 느림이시고, 나의 모든 것이시다. 나는 하나님을 담고 하나님으로 충만하게 되어야 할 그릇 곧 용기이다.

나는 선한 사람이 되고 싶다고 사람들에게 말하곤 했지만 그렇게 될 수 없었다. 그러나 오늘 나는 내가 선한 사람이 아니라고 증언할 수 있다. 선한 사람이 되지 말고 하나님-사람이 되라. 선한 사람이 되고자 하면 분명 나쁜 사람이 될 것이다. 자신 안에서 다른 사람들을 사랑하려고 하지 말라. 다른 사람들을 사랑하려고 할수록 결국은 더욱 미워하게 될 것이다. 겸손해지려고 하면 교만해질 것이다. 심지어 우리 속에는 이런 태도가 있을지도 모른다. '당신은 제가 아주 겸손하다는 것을 모르십니까?' 이것은 교만이다. 우리는 자신의 겸손을 자랑스러워한다. 우리는 선한 사람이 되는 것에 대해 잊어버려야 한다.

에덴동산에는 두 나무, 곧 생명나무와 선과 악의 지식나무가 있었다(창 2:9). 악은 항상 선과 함께 간다. 미움은 사랑과 함께 가고, 교만은 겸손과 함께 간다. 이것은 하나님께서 원하시는 것이 아니다. 하나님은 생명을 원하신다. 하나님은 우리가 선한 사람이 아니라 하나님-사람이 되기를 원하신다. 우리는 '선한 사람'이 될 수 있을지도 모르지만, 선한 사람일 뿐이라면 결코 하나님의 표현이 될 수 없다. 하나님은 사람이 하나님을 표현하도록 그분 자신의 형상대로 사람을 지으셨다. 하나님으로 충만해진 하나님-사람이 될 때 우리는 하나님을 표현한다. 하나님-사람은 하나님의 표현이다.

하나님을 표현하는 이러한 하나님-사람이 하나님의 대표자이다. 그는 하나님을 대표하며, 만물을 다스리는 하나님의 권위를 가지고 있다. 하나님은 사람이 그분을 표현하도록 그분 자신의 형상대로 사람을 창조하셨고 사람이 그분을 위해 왕으로서 다스리도록 그분의 통치권을 사람에게 주셨다(창 1:26). 선한 사람이 아니라 바로 하나님-사람이 하나님을 표현하고 대표한다. 하나님의 형상은 우리가 하나님을 표현하기 위한 것이고, 하나님의 통치권은 우리가 하나님을 대표하기 위한 것이다. 우리 영 안에 하나님 자신께서 계신다. 따라서 우리는 하나님으로 채워지고 가득하게 되어 하나님-사람으로서 그분을 표현하고 대표할 수 있다. 이것이 바로 신성한 경륜에 따라 그분 자신을 우리 안으로 일해 넣으시는 하나님의 분배이다.

생명나무를 먹음

하나님은 그분의 형상대로 또한 그분을 담는 영을 가진 사람을 창조하신 후, 이 사람을 생명나무 앞에 두시고, 그에게 잘못된 나무 곧 선과 악의 지식나무를 먹지 않도록 주의하라고 명령하셨다(창 2:16-17). 하나님은 사람이 생명나무를 먹기 원하셨다. 요한복음에서 우리는 주님께서 포도나무이시고(15:1) 또한 생명이심을 본다(14:6). 이 둘을 함께 둘 때, 우리는 예수님께서 생명나무이심을 본다. 그분은 나무이시자 생명이시므로 생명나무이시다. 우리는 예수님을 우리의 영으로 받아들여야 하며 그분을 먹고 마심으로 받아들일 수 있다. 예수님은 자신을 우리가 먹을 수 있는 생명의 떡이라고 말씀하셨다. 그분을 먹음으로 우리는 그분으로 말미암아 살 수 있다(요 6:57). 또한 예수님은 우리가 마실 수 있는 생수이시다(요 4:14, 7:37-38).

예수님을 먹고 마신다는 것은 무슨 의미인가? 이것은 하나님께서 그분 자신을 우리 존재 안으로 분배하신다는 것이다. 하나님은 사람이 그분을 받아들일 수 있도록 영을 지닌 사람을 그분의 형상대로 창조하셨다. 사람은 창조될 때 안에 하나님이 없었다. 사람은 단지 빈 그릇이었다. 아담이 자신 안에 하나님을 갖지 못한 채 비어 있었으므로 하나님은 그를 생명나무 앞에 두셨다. 아담은 생명이신 하나님을 담도록 만들어진 빈 그릇이었다. 그는 자신 안에 하나님을 받아들여 하나님께서 그의 생명과 생명 공급과 내용이 되시도록 할 필요가 있었다. 이와 마찬가지로 하나님은 우리의 내용과 생명과 생명 공급이 되실 필요가 있으시다. 우리는 잘못된 나무를 받아들여서는 안 된다. 주님은 아담에게 선과 악의 지식나무를 먹으면 반드시 죽을 것이라고 경고하셨다. 우리는 합당한 것을 우리 안으로 받아들여야 하며, 받아들이기에 합당한 것은 생명나무이다. 생명나무는 하나님께서 우리의 생명이 되기 원하신다는 것을 나타낸다. 우리는 그분을 먹음으로 받아들여야 한다. 생명나무이신 그리스도를 먹는다면, 우리는 그분을 생명 공급으로 우리 존재 안에 받아들일 것이고 더 이상 비어 있지 않을 것이다. 하나님께서 우리의 내용이 되실 것이다.

창세기 1장과 2장은 하나님의 창조의 그림을 우리에게 제시하면서 신성한 경륜을 보여 준다. 심지어 하나님의 창조에서도, 하나님께서 그분 자신을 창조하신 사람 안에 분배하시고자 하는 갈망을 보여 주는 그림이 있다. 나는 내게 있는 단 하나의 부담과 유일한 관심이 바로 하나님의 경륜이라고 증언할 수밖에 없다. 하나님은 우리를 선한 사람들이 아니라 하나님-사람들로 만드시기 위해 그분 자신을 우리 안에 분배하고자 하신다. 그리스도인은 선한 사람만이 아니라 하나님-사람이다. 우리가 하나님의 형상대로 영을 지닌 존재로 지어진 것은 하나님을 우리의 생명과 생명 공급과 모든 것으로 안에 받아들여 우리의 내용 자체가 되시게 함으로써 하나님-사람들이 되기 위한 것이다.

3

하나님의 창조에서 볼 수 있는 신성한 경륜 (2)

The Divine Economy in God's Creation (2)

제3장

하나님의 창조에서 볼 수 있는 신성한 경륜(2)

성경: 창 2:8-14, 18-24, 시 46:4-5, 36:8

하나님의 형상과 사람의 영과 생명나무

창세기 1장과 2장은 의심할 바 없이 하나님의 창조에 대한 기록이다. 그러나 우리가 보았듯이, 이 두 장은 하나님의 창조에 대한 사상만 전달하는 것이 아니다. 빛을 받은 후에 우리는 이 부분의 말씀이 그 이상의 무언가를 전달해 준다는 것을 볼 수 있을 것이다. 창세기 1장과 2장이 전해 주는 매우 중요한 문제는 바로 신성한 경륜이다. 하나님께서 어떻게 하늘들과 땅을 창조하셨는지는 이해하기 쉽다. 그러나 하나님께서 사람을 왜 그분 자신의 형상대로 창조하셨는지, 왜 영을 가진 존재로 창조하셨는지, 왜 창조 후에 생명나무 앞에 두셨는지를 이해하기란 그리 쉽지 않다. 이것은 하나님의 형상과 사람의 영과 생명나무라는 세 중점이다. 창세기 1장과 2장을 이해하려면 이 놀랍고도 결정적이며 중요한 요점들을 반드시 이해해야 한다.

신성한 경륜을 볼 때, 우리는 하나님께서 그분 자신을 사람 안에 분배하실 수 있도록 그분의 형상대로 사람을 창조하셨음을 깨달을 것이다. 하나님께서 영을 가진 사람을 창조하신 것 또한 그분 자신을 사람 안에 분배하시기 위해서였다. 마지막으로 하나님은 사람이 자신의 존재 안으로 그분을 생명으로서 받아들일 수 있도록 사람을 생명나무 앞에 두셨다. 나는 성경을 연구한 지 이십 년이 지나서야 이것을 보았다. 나에게 창세기 1장과 2장은 단지 창조에 관한 이야기에 불과했다. 나는 하나님의 형상과 사람의 영과 생명나무의 중요성을 이해하지 못했다. 약 사십 년 전에 나는 생명나무와 하나님의 형상과 사람의 영을 보기 시작했다. 창세기 1장과 2장에 있는 이 모든 항목을 본 후에 나는 얼마간 제정신이 아니었다. 우리는 자신이 하나님의 형상을 지니고 있음을 깨달아야 한다. 우리는 하나님을 닮았다. 또한 하나님을 우리의 생명으로 받아들이도록 영을 가지고 있다. 이 모든 것이 바로 하나님 자신을 우리 안에 분배하는 하나님의 경륜을 위해 있다. 이것이 창세기 1장과 2장에 있는 기록의 주된 사상이다.

동산과 강

더 나아가 창세기 2장 8절은 하나님께서 동산을 만들어 놓으셨다고 말한다. 하나님께서 만들어 놓으신 동산은 에덴에 있었으며, 이 단어는 '즐거움'이나 '기쁨'을 뜻한다. 하나님은 누림으로 가득하고 기쁨과 즐거움을 주는 환경에 사람을 두셨다. 하나님은 사람을 이 동산에 두시고 생명나무 앞에 놓으셨다. 이것은 하나님께서 사람이 그분을 존재 안으로 받아들임으로 사람의 생명이 되기를 원하셨음을 가리켰다. 기쁨이 가득하신 하나님은 사람 안으로 들어오셔서 사람의 유쾌한 생명이 되기를 원하셨다.

창세기 2장의 그림은 생명나무에 더하여, 에덴에서 흘러나와 동산을 적시는 강도 있었음을 보여 준다(10절). 강과 나무들이 있는 환경은 생명이 있는 유쾌한 환경이다. 생명이 나무 안에 있고 또한 물속에 흐르고 있다. 하나님은 사람을 생명나무 앞에 두셨고 이 나무 옆에는 강이 흐르고 있었다. 지금까지 우리는 사람이 하나님의 형상대로 지어졌고 그에게 하나님을 받아들일 수 있는 사람의 영이 있음을 보았다. 그런 다음 이 사람은 강가의 생명나무 앞에 있었다. 이 나무는 '보기에 즐겁고 먹기에 좋았다'(창 2:9). 창세기 2장에서 우리는, 사람이 하나님의 형상을 지니고 있고 하나님을 받아들이도록 사람의 영을 가지고 있으며 한 나무 앞에 두어진 그림을 보아야 한다. 이 나무는 번성하고 푸르고 생명으로 가득했으며 물이 흐르는 강가에 있었다.

영원한 생명이 있는 곳에는 항상 생수의 흐름이 있다. 요한복음 6장은 예수님께서 우리가 먹을 수 있도록(57절) 생명의 풍성을 지닌 생명의 떡이심(35절)을 우리에게 보여 준다. 그런 다음 7장은 누구든지 예수님을 믿고 그분의 생명을 받아들이는 사람은 그의 가장 깊은 곳에서 생수의 강들이 흘러나오게 될 것이라고 말한다(38절). 6장에는 생명의 풍성을 지닌 생명의 떡이 있고, 7장에는 생수가 흐르는 강들이 있다. 이 두 장은 우리가 신성한 생명을 받아들일 때 이 생명이 우리 존재 안에서 생수의 강으로 흐른다는 것을 보여 준다. 이것이 창세기 2장에 있는 생명나무와 강의 의미이다.

하나님의 건축물을 위한 금과 베델리엄과 마노 보석

강이 흐르는 곳에는 금과 베델리엄과 마노 보석이 있었다(창 2:12). 베델리엄은 일종의 진주이지만, 바다에서 나오는 조개에서 산출된 것은 아니다. 이것은 나무의 분비물에서 산출된 일종의 진주이다. 나무의 수지(樹脂)나 생명 분비물이나 수액이 고무로 단단하게 응고될 때, 이 고무는 투명한 진주로 여겨진다. 베델리엄은 동물의 생명이 아닌 식물의 생명에 의해 산출된 진주이다. 마노 보석은 매우 귀한 보석이다. 창세기 2장의 그림은 생명나무와 강을 우리에게 보여 주며, 이 강의 흐름을 따라 금과, 식물의 생명에서 나오는 진주와, 마노 보석이 있다. 우리는 이 그림의 의미가 무엇인지를 물을 필요가 있다.

고린도전서 3장에서 바울은 자신이 유일한 기초를 놓았고 이 기초가 예수 그리스도라고 말한다. 이제는 우리가 어떻게 이 기초 위에 건축하고 있는지 살펴보아야 한다(10-11절). 우리는 이 기초 위에 금과 은과 보석으로 건축해야 한다(12절). 창세기 2장에는 금과 베델리엄과 마노 보석이 있고, 고린도전서 3장에서 바울은 금과 은과 보석을 언급한다. 교회를 건축하려면 금과 은과 보석이 필요하다. 성경의 끝인 요한계시록에서 거룩한 성 새 예루살렘은 금과 진주와 보석이라는 세 항목으로 건축된다(21:18-21). 신성한 계시의 이 세 부분인 창세기와 고린도전서와 요한계시록에는 세 가지 재료가 있다. 금과 보석은 이 세 권 모두에 언급되어 있다. 그러나 두 번째 재료는 창세기에서는 베델리엄이고 고린도전서에서는 은이며 요한계시록에서는 진주이다.

세 항목이 언급된 것은 의미심장하다. 삼(3)이라는 수는 성경에서 영적인 의미가 있다. 그것은 삼일 하나님을 의미하고 또한 셋째 날의 부활을 의미한다. 그러므로 성경에서 삼은 부활 안에 계신 삼일 하나님을 의미한다. 유대인들과 이슬람교도들은 하나님을 믿는다. 그들은 우주를 창조하신 하나님을 믿고, 우리 또한 하나님을 믿는다. 유대인들과 이슬람교도들은 창조의 하나님을 믿지만, 우리는 창조의 하나님뿐 아니라 부활 안에 계신 하나님도 믿는다. 우리가 믿는 하나님은 창조하시는 하나님이실 뿐 아니라 부활 안에 계신 하나님이시기도 하다. 이것은 어마어마한 차이이다. 창조 안에 계신 하나님은 결코 사람이 되지 않으셨다. 그러나 부활 안에 계신 삼일 하나님은 사람이 되셨고, 한 사람으로서 이 땅에 사셨으며, 죽음을 통과하셨고, 부활하셨다. 우리 하나님은 창조 안에 계신 하나님만이 아니라, 사람이 되셔서 삼십삼 년 반 동안 이 땅에 사시고 십자가에서 죽으시고 부활하신 바로 그 하나님이시다. 오늘날 그분은 바로 부활 안에 계신 삼일 하나님 곧 아버지와 아들과 영이시다. 창조 안에 계신 하나님은 우주를 창조하셨지만, 부활 안에 계신 하나님은 우리를 거듭나게 하시고 변화시키셔서 새 창조물로 만드신다. 창조 안에 계신 하나님으로서 그분은 우리를 창조하셨지만, 부활 안에 계신 하나님으로서 그분은 우리를 거듭나게 하시고 변화시키셔서 새 창조물로 만드신다. 우리는 이전에는 옛 창조물이었지만 지금은 부활 안에 있는 새 창조물이다.

아담은 하나님에 의해 땅의 흙으로 지어졌다. 그는 흙으로 지어진 사람으로서 생명나무 앞에 놓였다. 우리 또한 흙으로 지어진 사람들이다. 그러나 우리가 생명나무이신 그리스도를 함께 누린다면 생명수의 강이 우리 속에서 흘러 우리를 하나님의 건축물을 위한 귀한 재료로 변화시킬 것이다. 영적으로 우리는 흙의 사람에서 금의 사람으로 변화되고 있다. 지난 장에서 우리는 하나님께서 우리가 선한 사람이 아니라 하나님-사람이 되기를 원하신다는 것을 보았다. 우리는 하나님-사람이 될 뿐 아니라 금의 사람이 될 필요가 있다. 그리스도인으로서 우리는 하나님-사람과 금의 사람이 되어야 한다. 신성한 삼일성 안에는 아버지와 아들과 영이 계신다. 금은 하나님의 본성을 상징하고, 베델리엄과 진주는 삼일성의 둘째이신 아들에게서 나온 소산물을 상징하며, 마노 보석은 삼일성의 셋째이신 그 영을 상징한다.

우리는 베델리엄이 동물의 생명이 아닌 식물의 생명에서 산출된 진주라는 것을 이미 지적했다. 동물의 생명에서 비롯된 피 흘림은 구속을 위해 필요하지만 식물의 생명에는 구속에 대한 사상이 없다. 창세기 1장과 2장에서는 죄가 아직 들어오지 않았고 사람도 타락하지 않았다. 따라서 구속에 대한 필요는 없었지만 여전히 생명 즙을 분비할 필요가 있었다. 그러므로 베델리엄은 하나님의 아들께서 나무로서 깨어지심으로 자신의 생명 즙을 분비하여 베델리엄을 산출하셔야 했음을 상징한다. 성경에서 식물의 생명은 산출하고 번성하며 번식하는 생명을 상징한다.

주님은 십자가에서 죽으실 때 깨어지셨다. 한 군인이 창으로 그분의 옆구리를 찌르니 피와 물이 나왔다(요 19:34). 주님의 옆구리에서 두 가지가 나왔는데, 바로 구속을 위한 피와 생명의 분비를 위한 물이었다. 창세기 2장에서는 생명의 분비만 필요했다. 창세기 2장에서는 죄가 없었기 때문에 피 흘림에 대한 필요가 없었다. 요한복음 19장을 보면, 깨어지신 예수님의 옆구리에서 피와 물이 나왔다. 피는 구속을 위한 것으로서 죄들을 처리하고(요 1:29, 히 9:22) 교회를 사기 위한 것이고(행 20:28), 물은 생명 즙을 분비하기 위한 것 즉 생명을 나누어 주기 위한 것으로서 죽음을 처리하고(요 12:24, 3:14-15) 교회를 산출하기 위한 것이다(엡 5:29-32).

은은 구속하시는 그리스도와 그분의 인격과 일에 속한 모든 미덕을 상징한다. 오늘날 하나님의 아들은 하나님의 건축물에서 은으로 상징되신다. 베델리엄에는 생명 분비의 사상만 있지만, 은에는 피 흘림과 생명의 분비를 포함하는 구속의 사상이 있다.

성경의 완결에는 베델리엄도 없고 은도 없으며 단지 진주만 있다. 진주는 동물의 생명인 조개에서 산출된 것이다. 진주는 구속의 사상과 생명 분비의 사상을 극도로 함축하고 있다. 진주는 죽음의 물속에 있는 조개에서 산출된다. 조개 안에 작은 모래알이 들어와 상처를 주게 되면, 조개는 모래알 주위에 생명 즙을 분비하여 그것을 귀한 진주로 만든다. 우리는 하나님의 아들께서 살아 있는 생명체인 조개로서 죽음의 물속으로 들어오시고, 우리에게 상처를 받으시며 십자가에 못 박혀 죽으심으로 우리를 구속하시고, 그분의 생명을 분비하셔서 우리를 하나님을 영원히 표현하는 건축물을 위한 귀한 진주들로 만드셨다는 것을 영원 미래에도 여전히 상기할 것이다.

생명나무는 우리가 안에 받아들인 우리의 생명이신 그리스도를 상징한다. 이렇게 우리가 그분을 받아들일 때 그 영은 생명수의 강으로서 우리 속에 흐르신다. 이 흐름의 결과로 우리는 귀한 재료들로 변화된다. 영적인 의미에서 금과 베델리엄과 마노 보석은 모두 변화를 상징한다. 옛 창조물이 변화를 받아 새 창조물이 된다. 주님은 우리를 흙으로 된 사람에서 베델리엄과 마노 보석을 함께 지닌 금의 사람으로 변화시키기를 원하신다. 우리는 주님께서 우리 존재 안에 어느 정도의 금과, 베델리엄 또는 은과, 마노 보석을 더해 오셨다는 것을 믿어야 한다. 이것은 단지 창조만이 아니라, 삼일 하나님에 의해 부활 안에서 이루어진 변화이다. 우리는 부활 안에서 삼일 하나님께서 이루어 주신 변화에 대해 주님께 찬양과 감사를 드려야 한다. 이것이 바로 하나님의 경륜이다. 생명나무, 물의 강, 금과 베델리엄과 마노 보석은 모두 하나님의 경륜을 위해 존재한다. 이 경륜은 삼일 하나님을 그분의 창조된 사람 안에 분배하는 것이다.

하나님의 영원한 경륜의 궁극적인 완결은 하나님의 영원한 건축물인 새 예루살렘이다. 새 예루살렘은 삼일 하나님을 선택되고 구속받은 사람들 안에 분배하여 산출된 금과 진주와 보석이라는 변화된 재료들로 건축된다. 나는 우리가 얼마간 시간을 들여 이번 장에서 교통한 내용과 성경 말씀을 두고 기도할 수 있기를 바란다. 그리하여 이 모든 요점이 우리 안에 새겨지기를 바란다. 우리는 주님께서 생명나무이시며, 생명수의 강으로서 우리 속에 흐르시는 생명 주시는 영이신 것에 대해 그분께 경배해야 한다. 지금 우리를 금과 베델리엄과 마노 보석으로 변화시키고 계심에 주님께 감사드린다. 몇 년 후에는 우리 가운데 많은 사람이 삼일 하나님을 금과 베델리엄과 마노 보석으로 더욱 소유하게 되고 교회생활은 부활 안에 계신 삼일 하나님에 대한 뚜렷한 증거를 나타낼 것이다.

4

생명나무이신 그리스도에게서 볼 수 있는 신성한 경륜

The Divine Economy
in Christ as the Tree of Life

제4장

생명나무이신 그리스도에게서 볼 수 있는 신성한 경륜

성경: 시 36:9, 요 1:1-2, 4, 6:35, 10:10하, 15:1,
골 3:4상, 계 2:7, 22:2, 14

성경은 신성한 비밀들의 책이다. 우리가 보았듯이 성경에 있는 첫 번째 비밀은 신성한 경륜이다. 그러나 이 비밀은 수 세기 동안 실종되고 상실되고 매장되어 있었다. 이 마지막 때에 주님께서 이 비밀을 우리에게 활짝 열어 주신 것에 감사드린다. 우리는 심지어 성경의 처음 두 장에서도 이러한 비밀을 볼 수 있다. 여기에는 신성한 경륜이 하나의 씨로서 말씀 안에 뿌려져 있었다. 신성한 계시 안에 있는 많은 신성한 진리가 창세기에 씨로 뿌려져 있고, 이 씨들은 성경의 그다음 책들에서 자라고 발전한다. 창세기에 계시된 것은 무엇이든지 성경의 모든 책 전반에 걸쳐 발전되어 마지막 책인 요한계시록에 이른다. 요한계시록에는 이 모든 진리의 수확이 있다.

생명나무에 관한 진리는 창세기 2장에 뿌려져 있고 요한계시록 22장에서 수확된다. 창세기와 요한계시록 사이에는 생명나무에 대한 진리의 발전이 있다. 생명나무는 하나님께서 그분 자신을 그분의 선민 안에 분배하시기 위한 것이다. 생명나무는 우리에게 생명이 되시는 하나님 자신을 상징한다. 하나님은 그분 자신이 우리의 생명이 되기를 갈망하신다. 우리는 생명이 비밀스럽고 추상적이며 전혀 볼 수 없는 것임을 깨달아야 한다. 우리는 생명을 볼 수 없지만, 그것은 매우 실지적이고 살아 있으며 유기적이고 능력이 있다. 우리 육신의 생명은 보이지 않는 실체이지만 실재화될 수 있다. 생명은 살아 있고 유기적이며 활기차고 활동적이며 능력이 있다.

생명의 체현

하나님은 우리에게 생명이 되기를 갈망하신다. 그런데 어떻게 이 생명을 인식하고 접촉할 수 있는가? 바로 이런 이유로, 생명이신 하나님께서 체현되셔야만 한다. 전기는 실재하고 능력이 있지만 아무도 그것을 볼 수 없다. 전기가 사용되고 적용되려면 체현될 필요가 있다. 전신 케이블이나 전선은 전기의 체현이다. 전기는 전선 안에 체현된다. 전선이나 케이블이 있을 때 전기도 있다. 이와 마찬가지로 생명나무는 생명의 체현이다. 우리 육신이 우리 육신의 생명의 체현이듯이 생명나무는 신성한 생명의 체현이다. 생명나무는 생명이신 하나님의 체현이자 신성한 생명의 체현이다. 성경은 신성한 생명의 체현이 바로 예수님인 것을 계시한다. 하나님은 어디에 계시는가? 그분은 예수님 안에 체현되어 계신다. 예수님을 떠나서는 하나님도 계시지 않는다. 예수님을 떠나서는 하나님을 볼 수도 발견할 수도 없다. 이 말은 케이블이나 전선을 떠나서는 전기를 볼 수도 발견할 수도 없다는 말과 같다. 하나님은 예수님 안에 체현되어 계시며, 예수님 안에 체현되어 계신 하나님이 곧 생명이시다. 이 체현되신 하나님께서 예수님을 생명나무가 되게 하신다.

생명나무는 구약에 단 한 번 언급된다. 생명나무가 창세기 2장에 언급된 것은 거기에 뿌려진 신성한 진리의 씨앗이다. 사람의 타락 때문에 생명나무에 대한 긴 침묵의 역사가 있다. 그 후 신약에서 우리는 하나님께서 사람이 되셨다는 말씀을 듣는다. 태초에 계신 말씀은 곧 하나님 자신이셨고, 바로 이 하나님께서 육체가 되셨다. 즉 육체를 지닌, 예수라는 이름의 한 사람이 되셨다. 요한복음 1장 4절에서 우리는 "그분 안에 생명이 있었으며"라는 말씀을 본다. 하나님께서 사람이 되셨을 때 생명은 더 이상 추상적이지 않았다. 생명이 육체로 체현되었다. 예수님 안에 생명이 있었다. 그 나무는 육체이고, 육체는 그 나무이다. 요한은 사도들이 이 나무를 보았고 이 나무를 만졌다고 말한다(요일 1:1). 예수님을 만질 때 그들은 생명나무를 만졌다. 그들이 생명을 받은 것은 그분 안에 생명이 있었기 때문이다. 그분은 자신이 온 것은 우리가 생명을 얻고 더 풍성히 얻도록 하기 위한 것이라고 말씀하셨다(요 10:10하). 그분은 우리가 소량의 생명이 아니라 풍성한 생명을 얻기를 원하셨다. 예수님은 신성한 생명이 체현된 분이시다. 그분 안에 생명이 있었다. 생명은 그분의 내용이었다.

어릴 때부터 나는 예수님께서 죄인들을 구원하려고 오셨다는 것을 많은 그리스도인 교사에게서 배웠다. 디모데전서 1장 15절은 그리스도 예수님께서 죄인들을 구원하려고 세상에 오셨다고 말한다. 이것은 성경에 있는 놀라운 사실이지만, 예수님께서 우리가 생명을 얻게 하려고 오셨다는 것을 내게 말해 주는 그리스도인 교사는 거의 없었다. 예수님은 우리의 구주가 되려고 오셨을 뿐 아니라 생명의 체현으로서 오셨다. 그분을 믿을 때 우리는 구원을 받았을 뿐 아니라 신성한 생명도 받았는데, 이것은 그분께서 이 생명의 체현이시기 때문이다.

생명의 떡

어느 날 주 예수님은 사람들에게 자신이 생명의 떡이라고 말씀하셨다(요 6:35). 그분은 생명이실 뿐 아니라 생명의 떡이시다. 그러므로 우리는 그분을 먹을 수 있다. 생명의 떡은 생명나무(창 2:9)처럼 음식의 형태인 생명 공급이다. 생명나무 역시 '먹기에 좋은' 생명 공급이다. 우리는 예수님께서 우리가 먹을 수 있는 분이심을 깨달을 필요가 있다. 그리스도인이 되고 오랜 세월이 지났지만, 나는 예수님을 먹을 수 있다는 말을 결코 들어 본 적이 없었다. 요한복음 6장 57절에서 주 예수님은 "나를 먹는 그 사람도 나로 말미암아 살 것입니다."라고 말씀하셨다. 생명의 떡은 틀림없이 우리가 먹을 수 있는 어떤 것이다. 예수님께서 자신이 생명의 떡이라고 말씀하신 것은 그분이 우리가 먹을 수 있는 분이심을 암시한다. 또한 그분은 우리가 그분을 먹을 수 있다고 직접적으로 말씀하셨다. 그분을 먹을 때 우리는 그분으로 말미암아 산다. 우리는 자신이 먹는 것으로 산다. 내가 하루에 세 번 먹는 것은 나를 활기 있고 힘차게 한다. 영양학자들은 우리가 먹는 것이 바로 우리라고 말한다. 예수님을 먹을수록 우리는 더욱 더 예수님이 된다. 우리는 자신이 먹는 것에 의해 살며, 우리가 먹는 것이 바로 우리 자신이다.

포도나무

예수님은 또한 자신이 참포도나무라고 말씀하셨다(요 15:1). 그분은 포도나무이시다. 우리 모두는 포도나무가 키가 큰 나무가 아니라는 것을 안다. 예수님께서 아주 높고 키가 큰 나무이시라면, 우리는 그분의 열매를 쉽게 얻지 못할 것이다. 그러나 예수님은 사람이 먹고 누리기에 매우

용이한 포도나무이시다. 그분은 키가 큰 나무가 아니라 긴 나무이시다. 요한복음 15장에서 예수님은 자신이 포도나무라고 말씀하셨다. 그런 다음 요한계시록 22장 2절에서 우리는 하나의 생명나무가 강 양쪽에서 자라는 것을 보는데, 이것은 생명나무가 하나님의 백성이 받아들이고 누릴 수 있도록 생명수의 흐름을 따라 퍼지고 뻗어 나가는 일종의 덩굴나무라는 것을 의미한다.

새 예루살렘은 네모반듯한 성이다. 그 길이와 너비와 높이는 각각 만 이천 스타디온이다(계 21:16). 일 스타디온은 약 백팔십오 미터이므로, 만 이천 스타디온은 약 이천이백 킬로미터이다. 새 예루살렘은 꼭대기에 하나님의 보좌가 있는 산이다. 이 보좌에서 생명수의 강이 흘러나오고(계 22:1), 이 강을 따라 생명나무가 자란다. 강은 보좌에서 시작하여 그 성의 열두 문 모두에 이른다. 이렇게 하려면, 강은 틀림없이 나선형으로 나아가 성 전체를 거쳐 열두 문 모두에 이르러야 한다. 포도나무는 보좌에서 시작하여 강둑을 따라 산을 나선형으로 두르며 자란다. 결국 그것은 열두 문 모두를 통과한다.

이 포도나무는 얼마나 긴가? 이 포도나무는 사람이 거하는 땅 구석구석까지 이른다. 이것은 아르헨티나, 칠레, 페루, 우루과이, 파라과이, 콜롬비아, 볼리비아, 캐나다, 영국, 독일, 그리스, 터키, 러시아, 중국, 한국, 일본, 태국, 필리핀, 인도네시아에 이를 만큼 길다. 이 경이로운 포도나무이신 예수님께서 온 땅에서 자라고 계신다. 이 나무는 땅에서 하늘들에 이르는 키 큰 나무가 아니라, 온 땅을 나선형으로 두르며 자라고 있는 긴 나무이다. 예수님은 소나무가 아니라, 온 땅에 걸쳐 확장되고 자라나는 포도나무이시다. 요한복음 15장에서 주 예수님은 자신이 포도나무라고 직접적으로 말씀하셨고 요한계시록 22장에서 생명나무는 덩굴나무이다. 우리는 두 포도나무가 있다고 생각해서는 안 된다. 오직 하나의 포도나무 곧 하나의 생명나무가 있다. 이 포도나무는 창세기 2장에서 생명나무로 있고, 요한복음 15장에서는 참포도나무로 있으며, 요한계시록 22장에서는 하나님께서 선택하시고 구속하신 모든 사람에게 이르도록 새 예루살렘이라는 산을 나선형으로 두르며 자라고 있다. 우리는 주 예수님께서 생명나무이시자, 신성한 생명의 체현이시자, 길게 뻗어 가는 포도나무이시라는 인식과 이상 안으로 이끌려 들어가야 한다.

생명나무를
오늘 미리 맛봄으로 누림

창세기 2장에는 생명나무가 있었고, 요한계시록 22장에는 덩굴나무인 생명나무가 있을 것이다. 생명나무는 한편으로는 과거에 있던 항목이고 다른 한편으로는 장래에 있을 항목이다. 그러나 우리는 또한 기쁜 소식을 깨달아야 한다. 그것은 생명나무를 먹는 것이 바로 오늘을 위한 일이라는 소식이다. 요한계시록 2장 7절은 "이기는 이에게는 내가 하나님의 낙원에 있는 생명나무를 주어서 먹게 할 것이다."라고 말한다. 생명나무는 우리가 오늘 교회생활에서 언제든지 누릴 수 있다. 신약에는 하나의 기본 원칙이 있다. 그것은 우리가 장래에 누릴 것을 이 시대에 누려야 하고 이 시대에 누리는 것이 장래에 우리의 누림이 된다는 원칙이다.

신약에는 미리 맛봄의 원칙이 있다. 미리 맛봄은 다가올 완전한 맛봄의 나타남이다. 하나님은 우리의 영원한 누림을 위해 생명나무를 예비하셨지만, 우리는 오늘 미리 맛봄으로 생명나무를 누려야 한다. 우리가 오늘 미리 맛봄을 갖지 못한다면, 다음 시대인 왕국 시대에서 완전한 맛봄을 결코 가질 수 없을 것이다. 의심할 바 없이, 우리는 장래에 새 예루살렘에서 생명나무를 완전한 맛봄으로 누릴 것이다. 그러나 오늘 교회생활에서 우리는 미리 맛보는 방식으로 생명나무를 누릴 수 있다. 오늘 우리가 미리 맛보는 방식으로 주 예수님을 생명나무로 누리지 못한다면, 장차 올 천년왕국에 있는 새 예루살렘에서 이기는 믿는 이들에게 주어지는 보상인, 생명나무이신 그분에 대한 특별한 누림을 놓치게 될 것이다.

요한계시록 2장 7절에 있는 하나님의 낙원은 새 예루살렘을 가리킨다. 오늘날 교회는 새 예루살렘을 미리 맛보는 곳이다. 오늘날의 교회생활은 하나님의 낙원인 새 예루살렘의 축소판이다. 교회생활은 작은 낙원이다. 이 낙원에서 우리는 생명나무이신 그리스도를 누린다. 먹지 않으면 누림도 없다. 생명나무를 먹는 것 즉 그리스도를 우리의 생명 공급으로 누리는 것이 교회생활에서 가장 중요한 일이 되어야 한다. 오늘날의 기독교에는 그리스도를 먹고 누리는 것이 거의 없다. 주님의 회복 안에서 우리는 매일 그리스도를 누려야 한다. 우리는 온종일 예수님을 먹고 마셔야 한다. 생명나무를 미리 맛보며 누리는 동안, 우리는 다가올 완전한 맛봄을 고대하고 있다. 우리는 그분을 생명나무와 생명의 떡으로 먹음으로써 그분을 누리고 있다.

우리는 그분 안에 거하고 그분은 우리 안에 거하심

우리는 그분을 먹을 뿐 아니라 그분과 연결된다. 지금 우리는 그분의 가지들이며 거대한 포도나무의 일부이다. 우리는 이 나무의 열매를 누릴 뿐 아니라 가지들로서 생명 즙 자체를 누린다. 우리는 먹는 사람들일 뿐 아니라 가지들이다. 거대한 포도나무의 가지들인 우리는 그분 안에 거할 수 있고 그분은 우리 안에 거하신다. 얼마나 놀라운 누림인지! 우리는 그분을 먹을 뿐 아니라 그분 안에 거한다. 생명나무이신 그리스도는 하나님 자신을 여러분과 내 안에 분배하는 신성한 경륜을 위해 계신 분이시다. 이 위대한 포도나무의 가지들인 우리는 그분 안에 거하고 있으며 그분은 우리 안에 거하고 계신다. 이렇게 서로 안에 거할 때, 하나님께서 우리 안에 분배되시는 일 즉 나무에서 가지들 안으로 생명이 분배되는 일이 일어난다. 생명나무는 우리에게 생명이신 하나님의 체현이다. 이제 우리는 그분과 유기적으로 연결되어 있다. 우리가 그분 안에 거하고 그분께서 우리 안에 거하실 때, 이 체현되신 하나님은 그분 자신을 우리 안에 분배하시어 우리를 하나님-사람들로 만들고 계신다. 그뿐 아니라 신성한 금을 우리 안에 분배하시어 우리를 금의 사람들로 만들고 계신다. 신성한 금을 우리 존재 안에 분배하여 우리 모두를 금의 사람들로 만들어 주는 신성한 분배에 대해 그분을 찬양하자! 생명이신 하나님의 체현인 생명나무를 먹고 누림으로 생명의 사람들이 될 수 있다는 것에 대해 그분을 찬양하자!

5

강이신 그 영에게서 볼 수 있는 신성한 경륜

The Divine Economy in the Spirit as the River

제5장

강이신 그 영에게서 볼 수 있는 신성한 경륜

성경: 출 17:6, 시 46:4, 65:9상, 36:8, 겔 47:5, 9, 요 4:14, 7:37-39, 계 21:6, 22:1-2, 17

생명나무 — 생명의 체현

우리는 하나님께서 사람을 창조하신 후에 이 사람을 한 동산에 두신 것을 보았다. 그 동산에는 주목할 만한 두 항목이 있는데, 바로 생명나무와 흐르는 강이다. 나무와 강은 하나님의 분배를 위해 존재한다. 하나님은 그분 자신의 형상대로 영을 가진 사람을 창조하셨지만, 그때 사람에게는 하나님의 생명이 없었다. 사람은 다만 하나님에 의해 창조된, 하나님을 담도록 준비된 빈 그릇이었다. 따라서 사람은 하나님께서 그분 자신을 사람 안으로 분배하시도록 생명나무 앞에 두어졌다. 사람은 하나님을 자신의 내용으로 받아들여야 했다. 생명이신 하나님은 사람 안으로 들어오셔서 사람의 내용이 되기를 갈망하셨다. 그러므로 신약은 우리에게 하나님(아들)이 없다면 생명이 없다고 말한다(요일 5:12). 우리 인생은 길지 않다. 영원히 지속되는 생애가 아니라 일시적인 생애이다. 영원히 지속되는 생명 곧 영원한 생명은 하나님 자신이다. 사람인 우리는 하나님의 영원히 지속되는 영원한 생명을 자신의 내용으로 소유할 필요가 있다. 이 하나님은 생명이시며, 신성한 생명이신 그분 자신을 사람 안으로 분배하기를 원하신다.

하나님과 생명은 추상적이므로, 생명이신 이 추상적인 하나님은 체현되실 필요가 있으셨다. 이 신성한 생명의 체현은 생명나무이다. 생명나무는 우리의 생명이 되시는 하나님의 체현이신 예수님에 대한 그림이다. 어느 날 하나님께서 육체로 오셨는데, 이 하나님-사람의 이름이 예수였다. 사람이신 예수님은 생명이신 하나님의 체현이셨다. 그러므로 요한은 그분 안에, 예수님 안에, 하나님의 체현 안에 생명이 있었다고 말한다(요 1:4). 예수님은 자신이 생명(요 14:6)일 뿐 아니라 자신이 온 것은 우리가 생명을 얻고 더 풍성히 얻도록 하기 위한 것이라고 말씀하셨다(10:10). 더욱이 그분 자신이 우리에게 공급하기 위한 생명의 떡이며 우리가 그분을 먹음으로 그분을 받아들일 수 있다고 말씀하셨다(요 6:35, 57). 결국 예수님은 요한복음에서 포도나무 곧 생명나무로 계시되신다(15:1). 그분을 받아들임으로, 즉 먹음으로 우리는 그분의 일부가 된다. 다시 말해서 우리는 이 위대한 포도나무의 가지가 된다.

1958년에 나는 초대를 받아 영국에서 약 한 달 동안 머물렀다. 어느 날 한 친구가 나를 데리고 가서 이른바 '여왕의 큰 포도나무'를 보여 주었다. 영국 여왕은 온실에 큰 포도나무를 갖고 있다. 누군가가 나에게 이처럼 큰 포도나무를 본 적이 있느냐고 물었다. 나는 더 큰 포도나무를 보았기 때문에 이 포도나무가 놀랍지 않다고 대답했다. 여왕의 포도나무는 길이가 삼십 미터 정도이지만, 내가 본 포도나무는 지구를 빙 둘러쌀 만큼 매우 길다. 내가 본 포도나무는 예수님과 그분의 모든 가지들이다. 수백만의 모든 믿는 이가 지구를 두르고 있는 크고도 긴 포도나무의 가지들이다. 얼마나 위대한 포도나무인지! 교회들 안에 있는 형제자매 모두는 위대한 포도나무의 푸른 가지들이다. 우리는 그리스도의 가지들이 되었는데, 그것은 우리가 그분을 받아들이고 먹었으며 여전히 먹고 있기 때문이다. 우리는 날마다 예수님을 먹으면서 그분에 의해 자라고 있다. 우리가 새 예루살렘이 되는 상태에 들어갈 때, 분명 생명나무는 우리에게 새로운 어떤 것이 아닐 것이다. 왜냐하면 우리가 벌써 이 나무를 먹고 누렸기 때문이다. 우리는 생명나무가 성경 전체의 초점인 것을 보았다. 이 생명나무는 우리에게 생명이 되시는 하나님의 체현으로서, 하나님께서 창조하시고 선택하시고 구속하신 사람들 안으로 그분 자신을 분배하는 하나님의 경륜을 위해 있다. 나는 생명나무가 신성한 생명의 체현이며 하나님께서 그분 자신을 우리 안으로 분배하시기 위해 있다는 이 분명한 이상을 우리 모두가 볼 수 있기를 바란다.

생명수의 강 — 생명의 흐름

이번 장에서 우리는 동산에 있는 두 번째 중요한 항목을 보고자 하는데, 바로 흐르는 강이다. 나무는 체현이며 강은 흐름이다. 하나님은 추상적이시고 비밀스러우시다. 어떤 것이든 비밀스럽고 추상적인 것은 체현이 필요하다. 심지어 우리 사람의 생명도 체현되기 위해서는 몸이 필요하다. 사람의 생명은 몸 안에 체현되지만 이 몸은 흐름이 필요하다. 우리는 사람의 생명의 흐름이 무엇인지 물을 필요가 있다. 첫째로, 우리 속에서 일어나고 있는 피의 흐름이 우리 사람의 생명의 흐름이다. 피의 흐름이 멈출 때 그것은 죽음을 의미한다. 둘째로, 우리의 호흡 또한 우리 사람의 생명의 흐름이다. 호흡을 멈춘다면 우리는 죽게 된다. 우리의 생명은 내적으로는 피로 말미암아 그리고 외적으로는 우리의 호흡으로 말미암아 흐른다. 우리는 온종일 호흡하고 우리의 피는 온종일 흐른다. 건강하려면 호흡해야 하고 피가 자유롭게 순환해야 한다. 생명나무는 생명의 체현이지만, 이 생명이 우리 안에 들어오려면 흐를 필요가 있다. 흐르지 않는다면 이 생명은 우리 안에 들어올 수 없다.

소의 생명은 소 안에 체현되어 있으므로 소는 소의 생명의 체현이다. 그러나 어떻게 소의 생명이 우리 안에 들어올 수 있는가? 소의 생명에는 흐름이 필요한데, 그 흐름이 바로 우유이다. 우리는 우유를 마심으로 소의 생명을 받아들일 수 있다. 농부가 우유를 짤 때 소의 흐름이 있는데, 그 흐름이 '우유의 강'이다. 우유는 강 곧 흐름이다. 많은 어린이가 소에게서 나온 우유를 마시기를 좋아한다. 소의 강은 우유이다.

이스라엘 자손이 광야를 지날 때 그곳에는 물이 없었다. 그러자 하나님은 모세에게 반석을 치라고 말씀하셨고, 그 갈라진 반석에서 생수가 흘러나와 백성이 마실 수 있게 되었다(출 17:6). 고린도전서 10장에서 바울은 광야에서 이스라엘 자손을 따른 반석이 그리스도였다고 말한다(4절). 그 반석은 생명나무와 똑같이 하나님의 체현이었다. 하나님은 반석으로 체현되셨지만, 어떻게 그 반석이 백성 안으로 들어갈 수 있었는가? 그 반석은 흘러야만 했다. 그리하여 생수가 그 반석에서 흘러나와 온 백성이 마실 수 있게 되었다. 그들이 반석에서 나온 물을 마실 때 그것은 하나님을 마신 것이었다. 반석에서 흘러나온 물은 우유가 소의 생명의 흐름인 것처럼 신성한 생명의 흐름이었다.

우유를 마실 때마다 우리는 이 우유가 소의 생명의 흐름임을 인식해야 한다. 소에게서 나온 우유는 소의 생명의 흐름이다. 나의 어머니는 어느 미국인 목사를 위해 일했다. 어린아이였던 나는 목사 사택에 갈 때마다 소 냄새를 맡았다. 어느 날 나는 어머니에게 왜 목사 사택에 갈 때마다 소 냄새가 나는지 여쭈었다. 어머니는 이렇게 대답하셨다. "미국인들이

소에게서 나온 우유를 마신다는 것을 모르니? 그들이 우유를 마실수록 소와 같은 냄새가 난단다." 우리가 '예수님에게서 나오는 젖'을 매일 마신다면 결국 예수님 같은 냄새가 날 것이다. 예수님에게서 나오는 젖이 곧 신성한 생명의 강이다. 우유와 소는 하나이다. 우유와 소는 두 가지가 아니라 한 가지의 두 단계이다. 소가 흘러나올 때, 그것은 우유가 된다. 유리컵 속의 우유는 소가 흘러나온 것이다. 그러므로 우리가 우유를 마실 때, 그것은 소를 마시는 것이다. 동산에는 신성한 생명의 체현인 생명나무가 있었지만, 이 생명은 하나님의 분배를 위해 흘러나와 우리 안으로 들어와야 한다. 그곳에는 그 나무와 함께 흐르는 강이 있는데, 이것은 신성한 생명이 우리가 마시도록 흘러나오고 있음을 가리킨다. 이 강물을 마실 때 신성한 생명이 우리 존재 안에 분배된다.

생명나무와 생명의 강은 하나님의 분배를 위해 있다. 신성한 생명 자체이신 하나님은 우리 안에 그분 자신을 분배하기를 갈망하신다. 우리는 성경을 단지 문자만이 아니라 신성한 빛에 따라 이해해야 한다. 그럴 때 생명나무와 생명의 강을 보여 주는 이 놀라운 그림을 볼 수 있다. 이 그림은 하나님께서 그분 자신을 우리 존재 안에 분배하시기 위해 생명나무로서 체현되신 것과, 생명의 강으로서 흘러나오셔서 우리 안으로 들어오시는 것을 묘사한다.

요한복음 6장에서 주 예수님은 사람들에게 그분이 사람들이 먹을 수 있는 생명의 떡이시라고 말씀하셨다(48, 57절). 많은 유대인이 이것을 이해할 수 없었다. 그들은 이 말씀이 어렵다고 말했다(60절). 그러자 주 예수님은 더 나아가 "생명을 주시는 분은 그 영이십니다."(63절)라고 제자들에게 말씀하셨다. 생명을 주는 것은 육체가 아니다. 생명을 주시는 분은 그 영이시다. 이것은 소의 생명을 우리에게 주는 것은 큰 소가 아니라 소에게서 나온 우유라고 말하는 것과 같다. 왜냐하면 어린아이가 큰 소를 먹기란 불가능하기 때문이다. 아기가 큰 소를 누리려면 소에게서 나온 우유를 마셔야 한다. 소는 젖을 내고, 이 젖이 아기를 보양한다. 육체는 무익하다. 생명을 주시는 분은 그 영이시다. 예수님은 하나님의 체현이시고 그 영은 하나님의 흐름이시다. 나무와 함께 강이 있고, 예수님과 함께 그 영이 계신다.

요한복음 7장에서 주 예수님은 누구든지 목마르거든 그분께 와서 마시라고 말씀하셨다. 우리가 그분을 마신다면 생수의 강들이 우리 속에서부터 흘러나올 것이다. 39절은 그분께서 이러한 말씀을 하신 것이 '그 영에 대한' 것임을 말해 준다. 그 영은 예수님에게서 흘러나오셔서 그분의 믿는 이들이 마실 수 있도록 하실 것이다. 이 영을 마실 때 우리는 강을 누린다. 그러면 생수의 강들이 우리의 가장 깊은 곳에서 흘러나올 것이다. 출애굽기에서 우리는 생수가 나온 갈라진 반석을 본다(17:6). 그리고 시편 46편 4절은 '강이 하나 있어 그 흐름이 하나님의 성을 즐겁게 한다'고 말한다. 시편에 있는 하나님의 성은 교회를 상징한다. 강이 하나 있어 그 흐름이 교회를 즐겁게 한다. 교회 안에서 우리를 기쁘게 하는 것은 바로 강이다. 우유가 소의 흐름이듯이 강은 예수님의 흐름이다. 우리 모두는 젖의 강을 마시는 갓난아기들과 같다(벧전 2:2). 이 강은 우리 모두를 즐겁게 한다. 하나님의 성을 기쁘게 하는 강이 있는 것에 대해 하나님을 찬양하자. 시편 65편 9절 상반절은 이 강이 하나님의 강임을 지적한다. 창세기 2장에 있는 강은 하나님의 강이다.

긍정적인 의미에서 하나님은 큰 소와 같으시다. 그분은 생명의 근원이시며, 하늘에 속한 젖이 이 큰 소에게서 나와 젖의 강이 된다. 이것은 소의 강이다. 이와 마찬가지로, 우리 하나님의 강은 생명수로 가득하여 우리를 만족시키고 우리의 갈증을 풀어 주며 우리를 즐겁게 한다. 우리는 이 강물을 마실 때 이따금 누림에 겨워 제정신이 아니게 된다. 시편 36편

8절은 우리가 하나님의 기쁨의 강을 마신다고 말한다. 에스겔서 47장에서 물은 하나님의 성전에서 흘러나와(1절) 결국 깊은 강이 되었다(5절). 강이 흘러가는 곳마다 모든 것이 살았다(9절). 이 강의 흐름은 모든 것을 살아 있게 했다. 이 강이 어떤 나라에 흘러갈 때 그 나라를 살아 있게 한다. 그 나라에 있는 도시 하나하나를 살아 있게 한다. 흐르는 곳마다 생명을 가져다주는 이 강에 대해 하나님을 찬양하자!

요한복음에서 주 예수님은 사마리아 여인에게 이렇게 말씀하셨다. "누구든지 내가 주는 물을 마시는 사람은 영원히 목마르지 않을 것입니다. 내가 주는 물은 그 사람 안에서 원천이 되어 샘솟아 올라 영원한 생명에 이를 것입니다."(4:14) 그러고 나서 주 예수님은 누구든지 그분을 마시는 사람은 그의 가장 깊은 곳에서 생수의 강들이 흘러나올 것이라고 말씀하셨다(요 7:38). 생수의 강들은 생명의 여러 방면에 따른 많은 흐름으로서(비교 롬 15:30, 살전 1:6, 살후 2:13, 갈 5:22-23), 하나님의 생명의 영(롬 8:2)인 유일한 생명수의 강(계 22:1)에서 발원한다.

신약의 끝부분은 새 예루살렘 안에 생명수의 강이 있음을 계시해 준다(계 22:1). 그 강은 성경에 있는 모든 강의 최종 완결이다. 강은 창세기 2장에서 시작되었고 요한계시록 22장에서 완결된다. 이 강은 신성한 생명의 흐름인 하나님의 강이다. 이 강은 곧 그 영이다. 생명의 원천은 아버지 하나님이고, 샘은 생명의 체현이시자 원천의 체현이신 아들이며, 그 영은 강으로서 우리에게 도달하는 생명의 흐름이시다. 이와 같이 하나님은 그분 자신을 우리 안에 분배하신다. 신성한 강을 마실 때, 우리는 흐름과 샘과 원천이신 삼일 하나님 자신을 받아들이게 된다. 이렇게 하여 삼일 하나님은 그분 자신을 생명으로 우리 존재 안에 분배하신다.

우리는 샘에서 흘러나오는 강물을 마시고 있으며 이 샘이 바로 원천의 체현이다. 아버지 하나님은 아들 안에 체현되어 계시고, 아들은 그 영으로 말미암아 흐르고 계시며, 그 영은 우리의 누림을 위해 생수로서 우리에게 도달하신다. 이와 같이 하나님은 그분 자신을 우리 존재 안에 분배하심으로 우리를 그분과 동일하게 만드신다. 신성한 아버지는 한 신성한 가족 안에 많은 신성한 자녀가 있으시다. 이것이 바로 교회생활이며, 교회생활은 삼일 하나님께서 그분의 신성한 경륜 안에서 생명이신 그분 자신을 우리 존재 안으로 분배하시는 데서 나온 산물이다. 이러한 신성한 경륜에 대해 주님을 찬양하자! 생명나무에 대해 주님을 찬양하자! 또한 흐르는 강에 대해 주님을 찬양하자!

6

아버지와 함께하시는 그리스도의 육체 되심과 인간 생활에서, 그리고 성령에 의한 예수님의 잉태되심과 사역에서 볼 수 있는 신성한 경륜

The Divine Economy in Christ's Incarnation and Human Living with the Father and in the Conception and Ministry of Jesus by the Holy Spirit

제6장

아버지와 함께하시는 그리스도의 육체 되심과 인간 생활에서, 그리고 성령에 의한 예수님의 잉태되심과 사역에서 볼 수 있는 신성한 경륜

성경: 요 1:1, 14, 16-18, 5:43상, 6:46, 7:29, 16:27, 8:16, 29, 16:32, 14:9-11, 10:30, 6:57상, 5:30하, 36하, 10:37, 14:24하, 10:25하, 7:18, 눅 1:31-35, 마 1:18-23, 3:16-17, 12:28, 눅 4:14, 18-19, 행 10:38, 히 9:14

지금까지 우리는 세 주요 항목, 곧 신성한 경륜과 하나님의 체현과 하나님의 흐름을 다루었다. 하나님의 체현과 하나님의 흐름은 모두 신성한 경륜을 위해 있다. 하나님께서 그분의 선민 안으로 그분 자신을 분배하시려면 체현되시고 또한 흘러나오셔야 한다. 더 나아가, 이번 장에서 우리는 하나님께서 어떻게 예수님 안에 체현되어 계시는지를 보기 원한다. 생명나무이신 예수님은 하나님의 체현이시다. 하나님은 영이시기 때문에(요 4:24상) 비밀스러우시고 추상적이시다. 그리스도의 육체 되심 이전에는 사람들이 하나님을 접촉할 길이 없었다. 그러나 하나님은 그분의 지혜로 예수라는 이름의 한 사람 안에 체현되셨다. 인류 역사에서, 하나님의 체현인 한 사람이 사람들 가운데 있었다. 우리가 그 사람을 만진다면 하나님을 만지는 것이다. 우리가 그분을 받아들인다면 하나님을 받아들이는 것이다. 또한 우리에게 그 사람이 있다면 하나님도 있는 것이다. 하나님은 더 이상 추상적이지 않으시고 사람 예수님 안에 체현되어 계신다. 하나님은 더 이상 비밀스러운 분이 아니라 나타난 분이시다. 그분은 더 이상 볼 수 없는 분이 아니라 지금 우리가 만질 수 있는 분이시다. 오늘날 우리의 하나님은 체현되신 하나님이시고 나타나신 하나님이시며 만질 수 있는 하나님이시다. 만질 수 있는 이 하나님이 바로 예수라는 이름의 한 사람이시다.

요한복음의 주된 목적은 우리에게 하나님의 체현을 보여 주는 것이다. 이 복음서는 어떻게 하나님께서 이 사람 예수님 안에 그분 자신을 체현하셨는지에 대한 완전한 기록을 제시해 준다. 요한은 단순한 방식으로 복음서를 썼지만, 그 안에서 전달되는 모든 요점은 놀랍고 심오하며 비밀스럽다. 많은 성경 독자나 교사는 이번 장의 참고 절 대부분을 연구하지 않는다. 많은 그리스도인이 어려서부터 요한복음 3장 16절을 알고 있다. 그러나 6장 46절과 5장 30절을 아는 사람은 얼마나 되는가? 그들은 요한복음에 있는 많은 절을 소홀히 여기며 놓치고 있지만, 우리는 이러한 사람 예수님 안에 있는 하나님의 체현을 보기 위해 이 절들을 살펴보아야 한다.

그리스도의 육체 되심은 아버지와 함께한 것이었고 그분의 인간 생활 또한 아버지와 함께한 것이었다. 그분의 육체 되심은 출생을 가리키고 그분의 인간 생활은 이 땅에 계신 동안의 삶을 가리킨다. 하나님의 체현이신 예수님은 이 땅에서 사시기 위해 태어나셨고, 그분의 출생과 이 땅에서의 삶은 모두 신성한 경륜 안에 있는 하나님의 분배를 위한 것이었다. 신성한 분배는 예수님의 출생과 이 땅에서의 삶의 주된 요인이다.

예수님은 그분의 출생 안에서 아버지를 함께 이끌어 오셨다. 우리 가운데 많은 이가 예수님께서 육체 되심을 통해 오실 때 아버지와 함께 오셨다는 것을 깨달은 적이 없을지도 모른다. 태어나 구유에 뉘어진 그 작은 아기가 아버지와 함께 계셨다. 더 나아가, 예수님은 이 땅에서 살고 계실 때 항상 아버지와 함께 계셨다. 그분은 결코 홀로 계시지 않았다. 이 마을에서 저 마을로, 유대에서 사마리아로, 사마리아에서 갈릴리로 여행하고 계실 때 그분은 결코 혼자가 아니셨다. 왜냐하면 아버지께서 항상 그분과 함께 계셨기 때문이다. 그분은 항상 아버지와 함께 여행하고 계셨다.

아버지와 함께하시는 그리스도의 육체 되심

하나님의 아들이신 예수님은 아버지의 이름으로 오셨다(요 5:43상). 스미스라는 사람이 거액의 은행 계좌를 가졌다고 하자. 내가 스미스 씨의 이름으로 은행에 간다면 은행에 있는 사람들은 나를 스미스 씨라고 부를 것이다. 은행 계좌에 따르면 스미스 씨가 거기에 있다. 그러나 실제 인물에 따르면 내가 그 은행에 있다. 내가 스미스 씨의 이름으로 거기에 있는 것이다. 아들께서 아버지의 이름으로 오실 때 누가 오시는 것인가? 이사야서 9장 6절은 한 아들께서 우리에게 주어지셨는데 그분의 이름이 영원하신 아버지라 불린다고 말한다. 내가 스미스 씨의 이름으로 은행에 갔으므로 나의 이름은 스미스라 불린다. 아들께서 아버지의 이름으로 오셨기 때문에 그분의 이름은 영원하신 아버지라 불린다. 주 예수님께서 "내가 내 아버지의 이름으로 왔으나"라고 말씀하신 요한복음 5장 43절 상반절을 잊지 말라.

요한복음 1장 1절은 말씀께서 곧 하나님이셨다고 말하고 14절은 이 말씀께서 육체가 되셨다고 말한다. 하나님께서 육체 곧 사람이 되셨고, 따라서 이 사람은 하나님의 체현이시다. 하나님은 더 이상 비밀스럽지 않으시다. 이제 하나님은 사람이 되셨으므로 구체적으로 나타나셨다. 우리는 이 하나님-사람께서 아들이신지 아버지이신지를 물어야 한다. 우리는 그분께서 아버지와 함께하시는 아들이시라고 말해야 한다. 하나님께서 육체가 되셨고, 이 하나님은 아버지와 함께하시는 아들이시다. 아들 하나님은 육체가 되실 때 아버지 하나님과 함께 육체가 되셨다. 아버지 하나님과 함께하시는 아들 하나님께서 육체가 되셨다. 과거에 우리는 아들께서 오셔서 사람으로 태어나셨을 때 하늘 보좌에 계신 아버지를 떠나셨다고 들었을지도 모른다. 그러나 성경은 아들께서 오실 때 아버지와 함께 오셨음을 말해 준다.

요한복음 6장 46절은 "이것은 아버지를 본 사람이 있다는 말이 아닙니다. 하나님에게서 온 이만이 아버지를 보았습니다."라고 말한다. 이 절에 있는 '에게서'에 해당하는 헬라어 전치사는 '파라(para)'로서 '-와 함께' 또는 '-의 곁에'를 의미한다. 존 넬슨 다비(J. N. Darby)는 그의 〈새 번역 성경(New Translation)〉에서, 이 절에 있는 '파라'의 의미가 '-에게서 함께(from with)'임을 지적한다. 아들은 아버지에게서 아버지와 함께 오셨다. 그분은 아버지에게서 오셨을 뿐 아니라 아버지와 함께 오셨다. 7장 29절은 "나는 그분을 압니다. 왜냐하면 내가 그분에게서 왔고 그분께서 나를 보내셨기 때문입니다."라고 말한다. 16장 27절에서 주 예수님은 '내가 하나님에게서 왔다'고 하셨다. 다시 말해서, 이 절에 있는 '에게서'에 해당하는 헬라어 단어는 '파라'인데, 그 의미는 '-에게서 함께'이다. 아버지는 아들을 보내셨고 아들은 아버지에게서 오셨다. 그러나 아들은 또한 아버지와 함께 오셨다.

요한복음 6장 46절과 7장 29절과 16장 27절은 아들께서 아버지에게서 오실 때 아버지와 함께 오셨음을 말해 준다. 아들께서 오실 때 그분은 홀로 오신 것이 아니었다. 그분은 하늘에 계신 아버지를 떠나신 것이 아니었다. 예수님께서 나병 환자 시몬의 집에 계시고 마리아가 그분께 귀한 향유를 부은 그날(마 26:6-7), 그분은 아버지와 함께하시는 아들이셨다.

하나님은 예수님 안에 체현되어 계셨는데, 그것은 예수님께서 아버지와 함께하시는 아들이셨기 때문이다. 예수님께서 아들이시기만 할 뿐 하늘에 계신 아버지를 떠나서 오셨다면, 그분은 하나님의 체현이 아니셨을 것이다. 그러나 아들은 아버지의 체현이시자 하나님의 체현으로서 그곳에 아버지와 함께 계셨다. 그분은 아들이시고 아버지이시며 하나님이시다.

아버지와 함께하신 그리스도의 인간 생활

요한복음 8장 16절은 "내가 판단할지라도 내 판단은 참됩니다. 왜냐하면 내가 혼자 있는 것이 아니라, 나를 보내신 아버지께서 나와 함께 계시기 때문입니다."라고 말한다. 주님은 혼자 계시지 않았으며 그분과 아버지는 항상 함께 계셨다. 같은 장 29절에서 주 예수님은 "나를 보내신 분께서 나와 함께 계시며 나를 혼자 두지 않으셨는데"라고 말씀하셨다. 보내신 분께서 보내어지신 분과 함께 계신다. 16장 32절에서 주 예수님은 이렇게 말씀하셨다. "보십시오, 여러분이 각자 자기 갈 곳으로 흩어지고 나를 혼자 버려둘 때가 올 것인데, 그때가 이미 왔습니다. 그러나 내가 혼자 있는 것이 아닙니다. 아버지께서 나와 함께 계십니다." 여기에 언급된 세 절은 주 예수님께서 이 땅에 계실 때 아버지께서 항상 그분과 함께 계셨으므로 결코 혼자 계시지 않았다고 말해 준다. 그분께서 갈릴리 바닷가에서 베드로와 요한을 부르실 때 아버지께서 그분과 함께 계셨다. 그분께서 야곱의 우물에서 사마리아 여인과 함께 이야기하고 계실 때 아버지께서 그분과 함께 계셨다. 그분은 항상 이 땅에서 아버지와 함께 사셨고 심지어 아버지로서 사셨다. 그분은 결코 혼자가 아니셨다.

어느 날 빌립이 "아버지를 우리에게 보여 주십시오. 그러면 우리가 만족하겠습니다."(요 14:8)라고 주님께 말씀드렸다. 예수님께서 빌립에게 하신 대답은 놀라웠다. "빌립이여, 내가 이렇게 오랫동안 여러분과 함께 있었는데도, 그대가 나를 알지 못하십니까? 나를 본 사람은 아버지를 본 것인데, 어떻게 아버지를 보여 달라고 하십니까? 내가 아버지 안에 있고 아버지께서 내 안에 계시는 것을, 그대가 믿지 않습니까?"(요 14:9-10상) 주님은 빌립에게 그가 주님을 보았다면 아버지를 본 것이라고 말씀하셨다. 이것은 그분께서 아버지 안에 계셨고 아버지께서 그분 안에 계셨기 때문이다. 아버지는 항상 주님과 함께 계셨고, 주님은 그분의 아버지의 이름으로 하나님의 체현으로서 그곳에 계셨다. 그분은 아들이실 뿐 아니라 아버지이셨다. 이런 일들은 교리적인 것만이 아니다. 아들은 바로 삼일 하나님의 체현인 생명나무로서, 삼일 하나님을 그분의 모든 자녀 안에 분배하시기 위해 계신다. 따라서 우리에게 아들이 있을 때 아버지도 있고 (요일 2:23) 삼일 하나님도 있다.

요한복음 10장 30절에서 주 예수님은 "나와 아버지는 하나입니다."라고 말씀하셨다. 이것이 곧 삼일 하나님의 체현이다. 이 체현 안에는 아들과 아버지 심지어 삼일 하나님이 계시는데, 그것은 하나님께서 그분 자신을 그분의 선민 안에 분배하기 원하셨기 때문이다. 이러한 체현이 없었다면 하나님은 비밀스럽고 추상적이셨을 것이다. 아무도 그분을 보거나 만질 수 없었다. 그러나 여기에 삼일 하나님의 체현이신 한 사람이 계신다. 이 사람 안에 아들 하나님과 아버지 하나님이 계신다. 우리는 이 사람을 볼 때 하나님을 보고 이 사람을 만질 때 하나님을 만진다. 이제 우리는 하나님을 붙잡을 수 있다. 우리는 비밀스러우시고 추상적이시며 보이지 않으시는 하나님을 붙잡을 수 있다! 지금 우리는 하나님을 소유하고 있다! 이 하나님께서 우리 안에 분배되셨고, 결코 우리를 떠나지 않으실 것이다. 신성한 경륜에 대해 하나님을 찬양하자!

요한복음 6장 57절에서 주님은 살아 계신 아버지께서 그분을 보내셔서 그분께서 아버지로 말미암아 사신다고 말씀하셨다. 아들은 이 땅에 계시는 동안 아버지로 말미암아 사셨다. 그분은 아버지 때문에, 아버지를 통하여, 아버지에 의해 사셨다. 그분께서 땅에 계시고 아버지는 저 멀리 하늘들에 계셨다면, 그분께서 아버지로 말미암아 사시는 것은 불가능했을 것이다. 그러나 그분은 아버지와 함께 오셨고 아버지와 하나이셨기 때문에 아버지로 말미암아 그리고 아버지에 의해 사실 수 있었다. 예수님은 이 땅을 걸어가실 때 다만 자신에 의해 살지 않으시고 항상 아버지에 의해 사셨다. 사실 그분은 자신의 생명이 아니라 아버지의 생명을 사셨다.

요한복음 5장 30절은 "나는 스스로 아무것도 할 수 없습니다. 나는 듣는 대로 심판하므로 나의 심판은 공정합니다. 왜냐하면 내가 나의 뜻을 구하지 않고 나를 보내신 아버지의 뜻을 구하기 때문입니다."라고 말한다. 하나님의 아들이신 예수님은 결코 스스로는 아무것드 하지 않으셨고 결코 자신의 뜻을 구하지 않으셨다. 그분은 아버지의 뜻을 구하셨고 아버지의 일을 하셨다. 이 놀라운 사람이 아버지와 함께하시는 아들이셨다. 36절에서 그분은 "나에게는 요한의 증언보다 더 큰 증언이 있습니다. 아버지께서 나에게 맡기시어 이루게 하시는 일, 곧 내가 하는 그 일 자체가 아버지께서 나를 보내셨다는 것을 증언하는 것이고"라고 말씀하셨다. 예수님은 자신의 일을 하지 않으시고, 아버지께서 그분에게 하라고 주신 일을 하셨다. 10장 37절은 "내가 나의 아버지의 일을 하지 않는다면, 나를 믿지 마십시오."라고 말한다. 이것은 그분께서 항상 아버지의 일을 하셨다는 뜻이다. 아들은 결코 자신의 일을 하지 않으셨다.

요한복음 14장 24절은 "나를 사랑하지 않는 사람은 내 말을 지키지 않습니다. 여러분이 듣는 말은 나의 말이 아니라, 나를 보내신 아버지의 말씀입니다."라고 말한다. 10장 25절은 "예수님께서 그들에게 대답하셨다.

'내가 여러분에게 말하였으나, 여러분이 믿지 않습니다. 내가 내 아버지의 이름 안에서 행하는 일들이 나에 대하여 증언하지만"이라고 말한다. 예수님은 아버지의 이름으로 오셨을 뿐 아니라 아버지의 이름 안에서 그분의 일을 하셨다. 7장 18절은 "스스로 말하는 사람은 자신의 영광을 구하지만, 보내신 분의 영광을 구하는 그 사람은 참되며, 그 사람 속에는 불의가 없습니다."라고 말한다. 이 절은 아들께서 항상 아버지의 영광을 구하고 계셨음을 말해 준다.

앞서 지적한 모든 절에서 우리는 아들께서 아버지의 이름으로 오셨고, 아버지와 함께 오셨으며, 아버지와 함께 이 땅에서 사셨음을 볼 수 있다. 그분은 아버지의 말씀을 말하셨고 아버지의 일을 하셨으며 아버지의 뜻을 행하셨고 아버지의 영광을 구하셨다. 그분은 항상 아버지의 이름으로 모든 것을 하셨고 아버지는 항상 그분과 함께하셨다. 더욱이 아버지는 항상 그분 안에 계시고 그분은 항상 아버지 안에 계신다. 그러므로 그분과 아버지는 하나이시다. 이러한 놀라운 방식으로 하나님은 그분 자신을 예수님 안에 체현하셨다. 아들과 아버지는 하나이시지만 아들과 아버지 사이에는 여전히 구별이 있다. 아들과 아버지는 분리되지 않으신다. 그것은 아들께서 아버지와 함께 아버지의 이름으로 오셨으며, 아들과 아버지께서 상호 내주하시기 때문이다. 그분들은 분명히 둘이시지만, 이 둘은 하나이시다. 성경이 아버지와 함께하시는 아들에 관하여 계시하는 것은 전통적인 신학과 다르다. 주님의 회복 안에서 우리는 전통적인 어떤 가르침도 따르기를 원하지 않고 순수한 말씀으로 돌아가기를 원한다. 우리가 지금까지 다룬 모든 절은, 아들께서 아버지의 이름으로 오셨고 아버지와 함께 오셨으며 삼일 하나님의 체현으로서 항상 아버지와 하나이신 것이 하나님께서 그분 자신을 우리 존재 안에 분배하시기 위한 것이라는 진리를 계시한다.

성령에 의한
예수님의 잉태되심과 사역

아들께서 육체가 되시고 인간 생활을 하신 것은 하나님께서 그분의 선민 안으로 그분 자신을 분배하시기 위한 것이었다. 아들께서 육체가 되시어 하나님의 체현이 되신 것은 그 영에 의해 이루어졌다. 예수님의 잉태되심과 사역은 모두 성령에 의한 것이었다. 한 면으로는 하나님께서 육체가 되셨다. 다른 한 면으로는 예수님께서 성령에 의해 처녀의 태 안에 잉태되시고 태어나셨다(마 1:18, 20). 예수님은 삼십 세가 되셨을 때 공개적으로 사역을 시작하셨다. 즉 공개적으로 하나님을 위해 일하기 시작하셨다(눅 3:23). 그 영께서 그분 위에 내려오셔서 그분께 기름 부으셨고 능력으로 옷 입히셨다. 하나님을 위한 주 예수님의 사역 또한 성령에 의한 것이었다. 하나님께서 그분 자신을 사람 안에 분배하시기 위해 사람이 되셨는데, 이 하나님은 삼일 곧 아버지와 아들과 영이시다. 하나님과 사람이 하나가 되었다. 그분은 한 면으로는 하나님이시지만 한 면으로는 사람이시다. 이것은 신약에 있는 가장 복잡한 문제들 중 하나이다. 그러나 우리는 하나님과 사람의 연합이라는 이 놀라운 비밀 안으로 들어가는 데 더욱 시간을 들여야 한다. 이러한 연합은 우리가 삼일 하나님의 분배를 체험하고 누리기 위해 있다.

예수님의 잉태되심

사람은 누구든지 아버지와 어머니에 의해 잉태된다. 그러나 예수님은 인간 아버지와 인간 어머니에 의해서가 아니라 성령과 인간 처녀에 의해 잉태되셨다. 성령은 하나님이시므로, 예수님의 잉태되심에는 하나님과 사람 모두가 연관되었다. 이것은 모든 역사 가운데서 가장 비범하고도 특별한 잉태됨 즉 하나님과 사람의 잉태됨이었다. 사람의 잉태됨에는 오직 한 종류의 본질, 곧 사람의 본질만 있다. 그러나 예수님의 잉태되심은 신성한 본질과 사람의 본질로 이루어져 있었다. 예수님은 두 요소, 곧 신성한 요소와 사람의 요소로 나셨다. 그러므로 그분은 두 본성, 곧 신성한 본성과 사람의 본성을 소유하셨다. 그분은 완전한 하나님이자 온전한 사람인 하나님-사람이셨다. 그분 안에서 하나님과 사람이 함께 연결되고 하나가 되었다.

두 본질과 두 요소와 두 본성으로 이루어져 하나님이자 사람이 된 경우는 예수님께서 태어나시기 전에는 없었다. 예수님 안에서 우리는 하나님과 사람 모두를 볼 수 있다. 하나님과 사람이 분리되지 않고 예수라는 사람 안에서 연결되고 합해지고 심지어 연합되었다. 하나님과 사람이 한 인물, 곧 우리의 놀라우신 구주, 예수 그리스도가 되었다. 많은 그리스도인이 구주께서 인류에게 태어나셨다는 것만 알 뿐, 태어나 구유에 뉘어지신 이 아기가 하나님이시자 사람이신 분, 즉 신성한 본질과 요소와 본성뿐 아니라 사람의 본질과 요소와 본성을 가진 분이셨다는 것을 깨닫지 못한다. 이사야서 9장 6절은 우리에게 태어나신 아기가 전능하신 하나님이라 불리신다고 말한다. 누가복음에 따르면 예수님은 열두 살 때 부모와 함께 예루살렘에 가셨다(2:41-42). 이 이야기를 읽을 때 우리는 이 열두 살 된 소년이 하나님이시자 사람이셨음을 반드시 깨달아야 한다. 그분의 조성 즉 그분을 구성한 것은 신성한 요소와 사람의 요소였다.

그 영의 본질적인 방면과 경륜적인 방면

예수님은 삼십 세가 되셨을 때 사역을 시작하셨다(눅 3:23). 구약에서 제사장이 되려면 삼십 세가 되어야 했다. 그 나이가 하나님을 섬기는 데 충분한 나이였다(민 4:3, 35, 39, 43, 47). 주 예수님은 삼십 세에 공개적으로 사역을 시작하시어 하나님을 섬기시고 복음을 전파하시고 하나님의 경륜을 수행하셨다. 침례자 요한의 때에 하나님은 모든 이스라엘 사람이 침례를 받도록 정하셨다. 예수님은 사람으로서 즉 이스라엘 사람 중 한 명으로서 침례를 받으셔야만 했다. 그분은 예외이실 수 없었다. 예수님께서 침례를 받으신 후에 세 가지 일이 발생했다. 하늘이 열렸고, 하나님의 영께서 비둘기같이 그분 위에 내려오셨으며, 아버지께서 아들에 관해 "그는 나의 사랑하는 아들이요, 나를 기쁘게 하는 아들이다."라고 말씀하셨다(마 3:16-17).

우리는 아들께서 아버지와 함께 오셨으며 아버지께서 심지어 아들 안에 계셨다는 것을 지적했다. 그러나 마태복음 3장에는 아들께서 침례를 받으신 후에 아버지께서 하늘들에서부터 말씀하셨다고 기록되어 있다. 아들과 아버지는 분리되지 않으시고 하나이시며 상호 내주하신다. 그러나 3장에서 아들은 땅 위에 계셨고 아버지는 하늘들에 계셨다. 어떻게 우리는 이 두 가지 문제를 조화시킬 수 있는가? 더욱이 우리는 예수님께서 성령으로 잉태되셨고 신성한 요소이신 이 성령께서 예수님의 조성 성분이심을 보았다. 예수님은 이미 성령을 갖고 계셨는데, 그 영께서 비둘기같이 그분 위에 내려오셨다. 우리는 어떻게 이 문제를 풀 수 있는가?

하나님의 영께서 내려오셔서 주 예수님 위에 임하시기 전에, 주 예수님은 이미 성령으로 태어나셨다(눅 1:35). 이것은 그분께서 침례 받으실 때 이미 하나님의 영께서 그분 안에 계셨다는 것을 증명한다. 하나님의 영께서 그분 안에 계셨다는 것은 그분의 출생을 위한 것이었다. 이제 그분의 사역을 위해 하나님의 영께서 그분 위에 내려오셨다. 이것은 이사야서 61장 1절, 42장 1절과 시편 45편 7절이 이루어진 것으로서, 새 왕께 기름을 붓고 그분의 백성에게 그분을 소개하기 위해 수행되었다.

그분의 잉태되심은 그분께서 존재하시기 위한 것이었다. 그분의 사역은 그분께서 일하시기 위한 것이었다. 예수님께서 성령으로 잉태되시고 태어나신 것은 존재하시기 위한 것이었다. 그러나 하나님의 사역을 수행하는 일을 하려면 그분께 특별한 자격이 필요했다. 그분께서 잉태되실 때 받아들이신 성령은 그분의 존재 곧 실재를 위한 것이었고 그분의 한 구성 요소가 되었다. 그분은 존재하시기 위해 성령의 본질이 필요하셨다. 신성한 본질은 예수님의 존재의 조성 성분이 되었다. 이것은 본질적이다. 그분의 일, 곧 그분의 사역을 위해서는 더 많은 성령이 필요했다. 그분은 성령의 신성한 능력, 곧 신성한 장비가 필요하셨다. 이것은 경륜적이다. 본질은 본질적인 것이고 능력은 경륜적인 것이다. 본질적인 방면에서 성령은 예수님의 본질로서 결코 예수님에게서 분리되실 수 없고, 이러한 의미에서 성령은 결코 예수님을 떠나지 않으셨다. 경륜적인 방면에서 성령은 능력으로서 그분 위에 임하셨는데, 이것은 예수님께서 존재하시기 위한 것이 아니라 하나님을 위해 일하시도록 능력을 주시려는 것이었다. 이 능력은 올 수도 있고 머물 수도 있고 떠날 수도 있다. 이 능력이 올 때, 그것은 그분의 존재에 무엇을 더하지 않았다. 이 능력이 떠날 때, 그것은 그분의 존재가 손상되었음을 의미하지 않았다. 우리 모두는 예수님의 인격과 일을 위한 그 영의 이 두 방면, 곧 본질적인 방면과 경륜적인 방면을 배울 필요가 있다.

우리 하나님께서 그분 자신을 우리 안에 분배하시는 것은 단순한 일이 아니다. 예수님께서 체험하신 것을 우리 또한 체험해야 한다. 우리는 모두 성령으로 태어날 필요가 있었다. 이것은 거듭남 곧 새로운 출생으로서, 우리 안에 성령을 갖기 위한 것이다. 우리는 거듭날 때 본질적으로 성령을 받아들였지만 경륜적으로는 여전히 성령이 필요하다. 내가 말을 하는 동안, 나에게는 경륜적으로 능력이 되시는 성령이 필요하다. 성령 안의 침례는 유일하게 하나이며 천구백여 년 전에 그리스도의 몸 위에 성취되었다(고전 12:13). 그러나 성령 안의 침례에 대한 체험은 매우 많으며 몸의 모든 지체에 의해 끊임없이 공유되고 있다. 베드로는 첫 번째로 침례를 받았고(행 1:5, 8, 2:4) 나중에 그것을 거듭 체험했다(4:8, 31). 이것은 하나님 자신을 우리 안으로 분배하시는 하나님의 경륜을 위한 것이다.

우리의 체험을 위한 삼일 하나님

아들은 육체 되심을 통해 아버지와 함께 오셨고 성령으로 잉태되시어 태어나셨다. 그분은 삼일 하나님의 체현으로서 그분의 백성 안으로 그분 자신을 분배하는 분이시다. 주 예수님의 이름을 부를 때, 우리는 아버지와 그 영 없이 아들만을 누리는 것이 아니다. 이것은 아들께서 아버지와 함께 그 영으로 말미암아 구체적으로 나타나려고 오셨기 때문이다. 우리는 아들을 접촉할 때 아버지와 그 영도 접촉한다.

요한복음 14장 23절은 이렇게 말한다. "예수님께서 그에게 대답하셨다. '누구든지 나를 사랑하면 나의 말을 지킬 것입니다. 그러면 나의 아버지께서 그를 사랑하실 것이고, 우리가 그에게 가서 그와 함께 서로 거처를 정할 것입니다." 지금까지 우리는 주 예수님을 사랑할 때 그분께서 홀로 우리에게 오신다는 관념이 있었을지 모른다. 우리는 주 예수님께서 아버지와 함께 우리에게 오신다고 생각해 본 적이 없을 것이다. 주님은 우리가 그분을 사랑할 때 아버지와 그분께서 오셔서 우리와 함께 거하실 것이라고 말씀하셨다. 우리가 "주 예수님!"이라고 부를 때마다 아버지께서 아들과 함께 오신다. 아버지는 항상 아들과 함께 계시므로, 우리가 아들을 부르며 "주 예수님, 당신을 사랑합니다!"라고 말할 때 오신다. 우리 코두는 "주 예수님, 당신을 사랑합니다."라고 말함으로써 아버지께서 아들과 함께 오셔서 우리와 함께 거처를 정하시는 것을 체험할 필요가 있다. 더욱이 우리가 아들의 이름을 부를 때, 아버지께서 오시고 그 영께서 뒤따르시며 아들께서 머무신다. 우리에게 이 셋 모두가 계시지만, 이 셋은 하나이시다. 삼일 하나님은 놀라운 비밀이시다. 이 셋은 우리의 체험을 위해 그리고 우리의 체험 안에서, 하나로서 여기에 계신다.

7

그리스도의 모든 것을 포함한 죽음에서 볼 수 있는 신성한 경륜

The Divine Economy in the All-inclusive Death of Christ

제7장

그리스도의 모든 것을 포함한 죽음에서 볼 수 있는 신성한 경륜

성경: 요 1:1, 14상, 29, 3:14, 12:24, 28, 31-33, 19:34, 롬 8:3, 6:6, 고전 15:45하, 고후 5:21, 히 2:14, 9:26하, 28상, 14, 골 1:15, 20, 엡 2:15-16, 막 15:25, 33-34, 요일 1:7

우리는 그리스도의 육체 되심과 인간 생활과 잉태되심과 사역이 모두 하나님의 경륜과 관련된 것임을 보았다. 사람 예수님은 삼일 하나님의 구성체, 곧 삼일 하나님 전체의 체현이셨다. 그분은 아버지와 함께 계셨고 완전히 성령으로 조성되셨다. 그분은 삼일 하나님의 체현이시며 우리가 먹을 수 있는 생명나무로서 생명의 체현 자체이셨다. 이것은 하나님께서 그분을 먹는 이들인 우리 안으로 그분 자신을 분배하시기 위한 것이었다. 이번 장에서 우리는 신약에 있는 또 다른 중대하고 뛰어나며 경이로운 문제인 그리스도의 모든 것을 포함한 죽음에 관해 교통하고자 한다. 그리스도의 죽음은 평범한 죽음이 아니라 모든 것을 포함한 죽음이었는데, 이는 그리스도 자신이 모든 것을 포함한 분이시기 때문이다. 모든 것을 포함한 분으로서 그리스도는 모든 것을 포함한 죽음을 죽으셨다.

우주에서 여덟 가지 부정적인 것들을 제거할 필요

우리는 왜 모든 것을 포함한 죽음이 필요했는지 물을지도 모른다. 그리스도께서 아버지와 함께 그 영에 의해 오셨을 때 우주에는 많은 부정적인 것이 존재하고 있었다. 하나님의 의도는 그분 자신을 사람 안에 분배하시는 것이었지만, 사람은 부정적인 것들에 의해 점유되고 사로잡히고 심지어 이용당하기까지 했다.

우주에는 그리스도께서 십자가에서 처리하셔야 할 부정적인 것들이 적어도 여덟 가지 있다. 이 부정적인 것들 중 첫 번째 항목은 하나님의 원수이자 대적인 사탄 마귀이다. 사람은 하나님에 의해 창조되었고, 하나님은 그분 자신을 사람 안에 분배하시려는 의도를 갖고 계셨다. 그러나 사람은 사탄에게 포로로 사로잡히고 점령당하고 강탈당했다. 사탄은 사람을 그의 포로로 사로잡아 갔고 그의 강탈하는 손 아래 두었다. 사탄과 더불어, 세상이라는 부정적인 항목이 있다. 세상은 하나님의 백성을 점유하는 사탄의 체계와 조직이다. 세 번째 항목은 죄이다. 이 우주와 이 땅에, 그리고 사람의 속과 사람들 가운데에는 인격화된 어떤 것, 살아 있는 어떤 것, 강력하고 매우 악한 어떤 것이 있다. 이것이 바로 죄이다. 네 번째 부정적인 항목은 육체이다. 우리의 육체는 악하고 썩었고 부패하였고 추하고 하나님께 거역적이다. 다섯 번째 부정적인 항목은 옛사람이다. 얼마나 어리든지 상관없이 우리는 여전히 옛사람의 일부이다. 옛 창조물은 그리스도께서 그분의 죽음을 통해 처리하셔야 했던 또 다른 부정적인 항목이다. 우주에 있는 모든 항목은 낡아진다. 우리는 창조물 전체에서 부패를 볼 수 있다. 즉 모든 것이 죽어 가거나 쇠퇴하고 있다. 일곱 번째로, 이 땅의 인류 가운데에는 하나도 없고 화평도 없다. 국제 연합

(UN)이라는 조직이 있지만 국가들은 전혀 통합되지 않았다. 세계의 나라들은 서로 대항하여 싸우고 있는데, 이러한 분열은 바벨에서 유래했다. 마지막 부정적인 항목, 곧 마지막 원수는 죽음이다(고전 15:26). 하나님께서 자신의 목적을 위해 지으신 사람들인 우리 모두가 이 여덟 가지에 의해 점유되고 둘러싸이고 탈취되었다. 하나님께서 그분 자신을 사람 안에 분배하시려면 반드시 이 여덟 가지 항목을 일소하여 우주에서 제거하셔야 했다.

하나님께서 이 여덟 가지 항목을 일소하실 수 있었던 유일한 길은 그리스도의 놀라운 죽음이었다. 이 놀라우신 분, 바로 하나님의 체현이신 예수 그리스도께서 우주에서 이 모든 부정적인 것들을 제거하시기 위해 죽으셨다. 죽음으로 말미암아 그분은 이 모든 부정적인 것들을 일소하셨는데, 이것이 바로 그분의 죽음이 모든 것을 포함하고 있는 이유이다. 그분의 죽음은 사탄을 멸망시켰고, 세상을 심판했으며, 죄를 유죄판결 했고, 육체를 십자가에 못 박았으며, 옛사람을 십자가에 못 박았고, 옛 창조물을 끝냈으며, 인류 안에 분열을 일으킨 모든 규례를 없앴다. 그분의 죽음은 심지어 죽음까지도 멸망시켰다. 할렐루야! 모든 것을 포함한 이러한 죽음에 대해 주님을 찬양하자.

하나님-사람의 죽음

이제 우리는 십자가에서 죽으신 분이 누구이셨는지를 볼 필요가 있다. 우리는 예수 그리스도께서 우리의 구속자와 구주로서 십자가에서 죽으신 것을 확실히 알 것이다. 그러나 우리는 그분께서 하나님-사람으로서 십자가에서 죽으셨다는 것을 더 깊이 인식할 필요가 있다. 그분의 조성은 신성하고도 인간적이다. 그분은 두 본성과 함께 두 본질과 두 요소로 이루어진 살아 있는 조성체이시다. 따라서 그분은 하나님-사람이셨다. 그러한 분으로서 그분은 십자가에서 죽으셨다.

사도 요한이 아직 이 땅에 있던 1세기에, 케린투스(Cerinthus)가 창시한 큰 이단이 있었다. 그는 사람들에게 예수님이 십자가에서 죽을 때 그리스도가 그분을 떠났다고 말했다. 그것은 예수님이 십자가에서 죽을 때 그저 사람일 뿐 신성한 본질도 신성한 요소도 없었다는 의미가 되고 만다. 요한일서 2장 22절에서 요한은 이러한 이단을 언급했다. 이 절은 "거짓말하는 사람이 누구입니까? 예수님께서 그리스도이시라는 것을 부인하는 사람이 아닙니까? 아버지와 아들을 부인하는 사람이 바로 적그리스도입니다."라고 말한다. 신성한 본질은 그리스도의 조성체의 일부이다. 우리는 어떤 사람의 소유물은 취할 수 있지만 그의 인간 본성은 제거할 수 없다. 왜냐하면 인간 본성은 그의 존재의 내재적인 부분이기 때문이다. 예수님은 신성한 본질과 사람의 본질로 구성되어 계시며, 이 본질들은 신성하고도 인간적인 그분의 존재의 내재적인 부분이므로 결코 그분에게서 제거될 수 없었다. 우리를 위해 십자가에서 죽으신 분께서 하나님이시자 사람, 곧 하나님-사람이신 것을 잊어서는 안 된다. 이 하나님-사람께서 일곱 가지 놀라운 항목으로서 십자가에서 죽으셨다.

하나님의 어린양

첫째로, 그분은 세상의 죄를 없애시는 하나님의 어린양으로서 십자가에서 죽으셨다(요 1:29). 하나님의 어린양으로서 그분은 모든 죄를 포함한 세상의 죄를 없애셨다(고전 15:3).

놋 뱀

요한복음 3장 14절은 예수님께서 또한 놋 뱀으로 십자가에서 죽으신 것을 말한다. "모세가 광야에서 뱀을 들어 올린 것같이, 사람의 아들도 반드시 들려 올려져야 합니다." 하나님의 어린양은 비유적인 표현이고, 뱀도 비유적인 표현이다. 십자가에서 죽으실 때 예수님은 하나님께서 보시기에 뱀의 모습이셨다. 그 이유는 우리 죄인들이 모두 뱀이 되었기 때문이다. 우리 모두는 옛 뱀인 사탄에게서 독을 주입받았다. 이스라엘 자손은 하나님을 거슬러 범죄했을 때 뱀에게 물렸다(민 21:4-9). 하나님은 그들을 대신하여 하나님의 심판을 받을 놋 뱀을 들어 올리라고 모세에게 말씀하셨고 그 놋 뱀을 쳐다보는 사람을 모두 살리셨다. 아담의 후손인 우리는 옛 뱀에게서 독을 주입받았으므로 안에 뱀의 본성이 있다.

마태복음 16장 23절은 주 예수님께서 "사탄아! 내 뒤로 물러가거라." 라고 하시며 베드로를 책망하셨다고 말한다. 베드로는 악한 사람이 아니었고 주 예수님에 대한 사랑을 나타내려 노력하고 있었다. 주님께서 자신이 고난을 받고 십자가에 못 박히고 부활해야 한다고 제자들에게 말씀하시자, 베드로는 "주님, 그럴 수 없습니다. 이 일이 결코 주님께 일어나서는 안 됩니다!"(22절)라며 그분을 책망하기 시작했다. 베드로는 주 예수님을 사랑할 때조차 뱀이었다. 주님은 그를 사탄이라고 부르시면서 책망하셨다. 우리는 악한 일이 아니라 선한 일을 할 때도 사탄과 같을 수 있다. 사탄은 하나님을 대항하여 반역하는 자이고, 사탄의 이 반역적인 본성은 우리의 타락한 본성 안에 있다. 우리는 악한 일들을 할 대 하나님을 거스른다. 우리는 선한 일들을 할 때에도 하나님을 거슬러 반역할지도 모른다. 그것은 선이나 악의 문제가 아니라 우리 본성의 문제이다. 우리의 타락한 본성에 따르면 우리 모두는 뱀이다.

모세가 광야에서 들어 올린 뱀은 놋 뱀이었다. 그것은 뱀의 모습을 갖고 있었지만 뱀의 독은 없었다. 로마서 8장 3절에서 바울은 하나님께서 그분 자신의 아들을 '죄의 육체의 모양으로' 보내셨다고 말한다. 죄의 육체가 곧 뱀이다. 우리 모두는 죄의 육체가 있고 여전히 죄의 육체 안에서 살고 있다. 하나님께서 보시기에 이 죄의 육체는 뱀인데, 죄의 육체의 본성 안에 사탄의 악한 본성이 있기 때문이다. 죄의 육체는 사실상 사탄과 동일하다. 이처럼 사탄은 뱀이며 우리의 죄의 육체 또한 뱀이다.

육체를 지닌 사람

하나님이신 주 예수님은 육체가 되셨다. 그분은 자신을 타락하고 죄가 가득한 인성과 연결하셨지만 죄는 없으셨다(히 4:15). 말씀을 통해 우리는 육체가 선한 것이 아니라 악한 것임을 잘 알고 있다. 요한은 하나님께서 육체가 되셨다고 말하지만(요 1:1, 14), 로마서 8장 3절은 예수님께서 죄의 육체의 모양을 가지고 계셨을 뿐이라고 말한다. 하나님의 아들께서 참으로 육체가 되셨다. 그러나 그분은 육체의 모양을 가지셨을 뿐 육체의 죄에는 전혀 참여하지 않으셨다(고후 5:21, 히 4:15). 이것은 죄가 있는 이스라엘 사람들을 위해 모세가 들어 올린 놋 뱀과 똑같다. 그 뱀은 실제 뱀의 모습과 모양은 있었으나 독은 없었다. 예수님은 놋 뱀으로서 십자가에서 죽으심으로 육체 안에서 죄에 대해 유죄판결 하셨다(롬 8:3). 십자가에서의 그분의 죽음을 통해 죄의 육체는 유죄판결을 받았고, 옛 뱀 사탄은 멸망당했으며, 죽음의 세력은 심판받았고, 심지어 죽음 자체도 멸망당했다. 세상 또한 십자가에서 멸망당했다. 그분께서 하나님의 어린양으로서 십자가에서 죽으심으로 죄와 죄들이 제거되었다. 그분께서 뱀으로서 십자가에서 죽으신 것은 죄의 육체를 심판하시고, 옛 뱀 곧 사탄을 멸망시키시고, 세상을 유죄판결 하시고, 죽음의 세력을 멸망시키시기 위한 것이었다. 하나님께서 보시기에 그분은 죄가 되셨다. 고린도후서 5장 21절은 하나님께서 그분을 우리 대신 죄가 되게 하셨다고 말한다. 하나님은 예수님의 육체 안에서 죄에 대해 유죄판결 하셨다.

마지막 아담

주 예수님은 또한 마지막 아담으로서 십자가에서 죽으셨다(고전 15:45하). 그분 이후에는 더 이상 아담이 없다. 마지막 아담으로서 그분은 아담을 끝내셨다. 아담은 그분 안에서 종결되었는데, 그분께서 아담의 끝이셨기 때문이다. 마지막 아담으로서, 즉 옛 창조물에 속한 한 사람으로서 그분은 옛 창조물에 속한 우리를 위해 십자가에서 죽으셨으며 우리의 옛사람을 십자가에 못 박으셨다(롬 6:6). 하나님 자신이신 그분께서 육체가 되셨고, 그 육체는 새사람이 아닌 옛사람이었다. 사람은 하나님에 의해 창조되었고 하나님께서 보시기에 매우 좋았지만(창 1:27, 31) 타락 때문에 낡아졌다. 옛사람은 육체이다. 그리스도는 십자가에서 죽으실 때 옛사람을 십자가에 못 박으셨다.

모든 창조물 가운데 가장 먼저 나신 분

그분은 또한 모든 창조물 가운데 가장 먼저 나신 분으로서 십자가에서 죽으셨다(골 1:15). 그분은 모든 창조물 가운데 가장 먼저 나신 분이시므로, 그분의 죽음은 창조물 전체를 하나님과 화목하게 할 수 있다(골 1:20).

화평하게 하시는 분

에베소서 2장 14절부터 16절까지는 그리스도께서 화평하게 하시는 분으로서 십자가에서 죽으시어 인류 가운데서 분리하는 모든 것을 없애 버리셨다고 말한다. 이것이 오늘날 교회생활 안에서 우리에게 어떤 분리된 것도 없는 이유이다. 서로 다른 모든 족속이 이제 그리스도 안에서 하나이다. 우리는 국제 연합이 필요하지 않다. 국제 연합은 분리하는 벽을 허물 수 없지만 교회생활은 그것을 허물 수 있다. 교회생활에서는 온갖 인종과 민족과 나라에 속한 사람들이 신성한 하나를 누린다. 그리스도께서 화평하게 하시는 분으로서 십자가에서 죽으셨기 때문에 이제 우리에게는 교회생활 안에서의 하나와 화평이 있다.

지금까지 우리는 주 예수님께서 어린양, 육체를 지닌 사람, 놋 뱀, 마지막 아담, 모든 창조물 가운데 가장 먼저 나신 분, 화평하게 하시는 분으로서 십자가에서 죽으셨음을 보았다. 내가 아니라 성경이 이러한 것들을 가르친다. 이번 장의 참고 절들을 사용하여, 여러분은 그리스도의 십자가에서의 죽음을 이 여섯 항목으로 제시할 수 있을 것이다.

한 알의 밀

십자가에 죽으신 그리스도에 대한 마지막 항목은 요한복음 12장 24절에 있다. "내가 진실로 진실로 여러분에게 말합니다. 한 알의 밀이 땅에 떨어져 죽지 않으면 한 알 그대로 남아 있지만, 죽으면 많은 열매를 맺습니다." 여기에서 주 예수님은 그분 자신을 한 알의 밀로 비유하셨다. 한 알의 밀이 땅에 떨어져 죽지 않으면 한 알 그대로 남아 있다. 그러나 죽으면 많은 열매로 자라게 된다. 앞에서 말한 그리스도의 죽음에 관한 여섯 항목은 모두 우주 안에 있는 부정적인 것들을 일소하는 것과 관련된다. 이 마지막 항목은 완전히 긍정적인 방면에 관한 것으로서 신성한 생명을 해방하기 위한 것이다. 그분께서 한 알의 밀로서 십자가에서 죽으심으로, 그분 안에서부터 신성한 생명이 해방되어 모든 믿는 이 안에 분배되었다. 그분은 처음 여섯 항목으로서 죽으심으로 우주를 일소하시고 길을 말끔히 청소하셨는데, 그것은 이 신성한 생명을 여러분과 내 안에 나누어 주고 분배하시기 위한 것이었다.

이 밀알은 영원한 생명의 밀알이다. 그분께서 십자가에서 하나님으로서가 아니라 사람으로서만 죽으셨다면 그러한 한 알의 밀이 되실 수 없었다. 그분은 하나님-사람으로서 십자가에서 죽으셨다. 이 사람은 밀알의 껍질이셨고 하나님은 밀알 안에 있는 속생명이셨다. 이와 같이 하나님-사람은 껍질과 내적 생명을 모두 지닌 한 알의 밀이시다. 그분은 생명의 밀알로 죽으심으로 그분 안에서부터 신성한 생명을 해방하셨는데, 그것은 신성한 생명이신 하나님을 우리 모두 안에 분배하시려는 것이었다. 그분의 모든 것을 포함한 죽음은 전적으로 하나님을 그분의 구속된 백성 안에 분배하기 위한 것이다.

그리스도의 죽음의 본질적인 방면과 경륜적인 방면

우리는 예수님께서 성령으로 잉태되시고 태어나실 때 본질적으로 신성한 본질로 조성되어 계신 것을 보았다. 그분의 조성의 일부인 이 본질은 결코 그분에게서 분리될 수 없다. 그분은 신성한 본질과 사람의 본질로 조성되신 분으로서 십자가로 가셨다. 그분은 십이 세 때 그러한 조성을 가진 분이셨고, 삼십 세 때에도 그러한 조성을 갖고 계셨으며, 십자가로 가셔서 죽으실 때에도 여전히 그러한 조성을 갖고 계셨다. 십자가에서 죽으신 분은 바로 하나님-사람이셨다. 이것은 본질적인 것이다. 그러나 경륜적으로는, 그분께서 삼십 세 때 침례 받으신 후에 아버지께서 하늘들에서부터 말씀하셨고 그 영께서 오시어 그분 위에 내려오셨다(마 3:16-17). 이것은 본질적인 것이 아닌 경륜적인 것이었다. 그분은 십자가로 가실 때 신성한 본질과 사람의 본질을 본질적으로 가지고 가셨다.

그분은 여섯 시간 동안 십자가에 못 박혀 계셨다. 마가복음 15장 25절은 그들이 예수님을 십자가에 못 박은 때가 제삼 시, 곧 오전 아홉 시였음을 말해 준다. 그분은 오전 아홉 시부터 오후 세 시까지 십자가에 달려 계셨다(막 15:33). 이 여섯 시간은 두 부분으로 나누어진다. 처음 부분은 오전 아홉 시부터 낮 열두 시까지였다. 그 세 시간 동안 사람들은 그분을 박해하고 조롱하며 비웃었다. 그것은 그분의 구속이 아니라 순교였다. 사람들은 그분을 십자가에 못 박았고 그분은 처음 세 시간 동안 순교의 고난을 당하셨다. 낮 열두 시인 제육 시가 되자 '어둠이 온 땅을 덮어 제구 시까지 계속되었다'(막 15:33). 낮 열두 시에 온 우주가 어두워졌는데, 그것은 하나님께서 오셔서 그분을 심판하신 표시였다(사 53:4하, 10). 그분께서 십자가에 못 박혀 계신 나중 세 시간 동안, 이 하나님-사람은 하나님께서 보시기에 어린양, 뱀, 육체를 지닌 사람, 마지막 아담, 모든 창조물 가운데 가장 먼저 나신 분, 화평하게 하시는 분이셨다. 이 세 시간 동안 하나님은 육체 안에 있는 죄를 유죄판결 하셨고 뱀을 멸망시키셨으며 죽음의 세력을 심판하셨다. 하나님께서 그분을 경륜적으로 버리신 때는 바로 이 세 시간 동안이었으며, 그래서 제구 시에 예수님께서 "나의 하나님, 나의 하나님, 왜 나를 버리셨습니까?"(막 15:34)라고 외치셨던 것이다. 본질적으로 신성한 본질은 결코 이 하나님-사람을 떠날 수 없었다. 그 신성한 본질은 그분의 존재 안에 조성되어 있었고 따라서 그분의 조성의 일부였다. 그러나 하나님은 경륜적으로 그분을 떠나셨다. 예수님께서 침례를 받으신 후 물속에 서 계시는 동안 그 영께서 비둘기처럼 그분 위에 내려오셨는데, 이것은 본질적인 것이 아니라 경륜적인 것이었다. 이와 동일한 방식으로, 하나님은 죄와 놋 뱀이신 그분을 심판하고 계실 때 십자가에서의 나중 세 시간 동안 경륜적으로 그분을 버리셨다.

우리의 대속자로서 십자가에서 죽어 가시던 분은 바로 하나님-사람이셨다. 우리의 죄들이 용서받도록 자신의 피를 흘리신 분 또한 하나님-사람이셨다. 요한일서 1장 7절은 "그분의 아들 예수님의 피가 우리를 온갖 죄에서 깨끗하게 합니다."라고 말한다. '예수님의 피'를 말하는 것만으로는 충분하지 않다. 요한일서 1장 7절은 그분의 아들 예수님의 피, 곧 하나님의 아들이신 예수님의 피라고 말한다. 우리를 구속하시기 위한 대속자이신 예수님은 한 사람으로서 십자가에서 죽으셨다. 오직 사람의 피만이 사람을 구속할 수 있다. 예수님은 한 사람이셨고 따라서 그분의 피는 진짜 사람의 피였다. 그러나 그분께서 단지 사람이실 뿐이라면 그분의 피의 효능은 제한적일 것이다. 그분은 수많은 사람이 아니라 단지 한 사람만 위해 죽으실 수 있었을 것이다. 사람 예수님의 피가 수많은 사람을 구속할 수 있었던 것은 그분께서 사람만이 아니라 하나님-사람이셨기 때문이다. 사람은 제한을 받지만 하나님은 영원하시다. 시간과 공간에 있어서 하나님은 제한이 없으시다. 하나님-사람으로서 그분은 사람을 구속하시기 위해 진짜 사람의 피를 흘리셨지만, 이 피는 그분의 구속의 효능이 무한하고 영원한 것을 보증하는 하나님 자신의 피였다(행 20:28). 그분의 피의 영원한 효능은 신성한 본질에 의해 보장된다.

히브리서 9장 14절은 그분께서 자신의 죽음 안에서 영원하신 영을 통하여 자신을 하나님께 드리셨다고 말한다. 하나님-사람으로서 그분은 자신을 하나님께 드리고 계셨지만, 영원하신 영을 통하여 그렇게 하셨다.

이것은 경륜적인 것이다. 그분은 사역하기 시작하실 때 그 영의 능력이 필요하셨다. 그리하여 그 영께서 경륜적으로 그분 위에 내려오셨다. 이제 그분은 죽으실 것이었다. 이와 같은 큰 위임을 위해, 곧 자신을 하나님께 제물로 드리시기 위해 그분은 영원하신 영의 능력이 필요하셨다.

피와 물

요한복음 19장 34절은 주님의 찔린 옆구리에서 두 가지, 곧 피와 물이 나왔다는 것을 말해 준다. 피는 우리의 죄들을 씻어 구속을 이루기 위한 것이고, 물은 신성한 생명을 분배하여 우리 안에 생명을 나누어 주기 위한 것이다. 우리는 피와 물에 대해 주님을 찬양할 필요가 있다. 모든 부정적인 것들이 처리되었고 하나님께서 영원한 생명으로서 우리 안에 분배되셨다. 이 피는 유월절 어린양의 피로 예표되었고(출 12:7, 22, 계 12:11), 이 물은 맞은 반석에서 흘러나온 물로 예표되었다(출 17:6, 고전 10:4). 피는 죄를 씻기 위한 샘을 이루었고(슥 13:1) 물은 생명의 샘이 되었다(시 36:9, 계 21:6). 정결하게 하는 피에 근거하여 우리는 이제 영원한 생명을 생수로 누릴 수 있다. 주님의 모든 것을 포함한 놀라운 죽음에 대해 그분께 감사드린다.

8

그리스도의 뛰어난 부활에서 볼 수 있는 신성한 경륜

The Divine Economy in the Surpassing Resurrection of Christ

제8장

그리스도의 뛰어난 부활에서 볼 수 있는 신성한 경륜

성경: 고전 15:45하, 요 12:24, 14:20, 엡 2:6, 벧전 1:3, 엡 1:19-23, 창 2:21-24, 엡 5:30-32

하나님의 신성한 경륜 안에서의 그리스도에 대한 네 주요 항목은 그분의 육체 되심, 인간 생활, 죽음, 부활이다. 그리스도에 대한 이 네 주요 항목을 이해한다면, 그리스도께서 거치신 과정의 이 주요 중점들이 신성한 경륜을 위해 있음을 깨닫게 될 것이다. 우리는 그분의 육체 되심과 인간 생활과 모든 것을 포함한 죽음이 하나님의 경륜을 위한 것임을 보았다. 이번 장에서는 그분의 부활 또한 하나님의 경륜을 위한 것임을 보고자 한다.

그리스도의 죽음과 부활과 재생산에 관한 예

주 예수님께서 제자들에게 자신이 곧 죽을 것이라고 말씀하실 때 그들은 근심하며 실망했다. 그들은 주님께서 고난받고 죽으신다면 모든 것이 끝나리라고 생각했다. 그러나 주님은 자신의 죽음에 관해 제자들에게 말씀하실 때마다 자신의 부활에 관해서도 말씀해 주셨다. 주 예수님은 이 한 가지를 적어도 세 차례 제자들에게 말씀하셨다(마 16:21, 17:22-23, 20:18-19). 그들은 그분의 죽음에 대해 생각할 뿐 부활에 대해 생각하지 못했다. 결국 주님은 그분께서 한 알의 밀이심을 제자들에게 말씀하셨다(요 12:24).

사람들에게는 일반적으로 부활의 관념이 없지만, 하나님의 창조물 안에서 우리는 부활의 원칙을 볼 수 있다. 한 알의 밀이 땅속에 뿌려질 때 그것은 땅속에서 죽는다. 그렇지만 그 죽음은 끝이 아니다. 그 죽음은 더 전진된 것인 부활을 가져온다. 우리가 작은 돌을 땅에 묻는다면 그것은 자라지 않을 것이다. 그러나 한 알의 밀을 땅속에 뿌린다면 그것은 죽고 자랄 것인데, 그 성장이 바로 부활이다. 그것이 자라면 많은 밀알을 산출하고 낳는다. 따라서 그 밀알들은 한 알의 밀의 해방과 재생산과 번성과 증가이다. 우리는 한 알의 밀이 땅에 떨어져 죽는 것을 일반적이라고 여길지 모르지만, 여기에서의 원칙은 일반적이지 않다. 주 예수님은 이것을 그분의 죽음과 부활과 재생산에 대한 예로 드셨다. 이러한 재생산이 곧 신성한 생명의 분배이다. 한 알의 밀의 재생산은 이 한 알의 밀의 생명을 많은 밀알 안에 분배하는 것이다.

부활은 생명을 분배하는 것임

그리스도의 부활이 생명을 분배하는 것임을 본 사람은 많지 않다. 대부분의 그리스도인은 그리스도의 부활이 그리스도의 승리임을 볼 뿐이다. 죽음은 그리스도를 붙잡을 수 없다. 그분은 죽음과 무덤과 음부를 이

기신다. 그러나 그리스도의 부활이 생명을 분배하는 것임을 말해 주는 찬송은 찾기 어렵다. 한 알의 밀의 부활은 생명을 분배하는 것이다. 생명은 한 알의 밀이신 그리스도 안에만 있었지만 그분께서 죽고 부활하신 후에 많은 밀알 안으로 분배되었다.

주님께서 죽고 부활하시기 전에는 신성한 생명이 그분 안에만 있었다. 예수님은 유일하게 신성한 생명을 가진 분이셨다. 제자들이 그분 주위에 있었지만 그들 안에는 영원한 생명이 없었다. 그러나 예수님은 그분의 신성한 생명을 베드로와 요한과 야고보와 안드레와 다른 모든 제자 안에 분배하실 길이 있으셨다. 그 길은 바로 그분께서 죽고 부활하시는 것이었다. 부활로 말미암아 예수님 안에 있는 신성한 생명이 그분의 모든 제자 안에 분배되었다. 죽음 이전에 예수님은 유일한 밀알이셨다. 모든 제자는 밀알들이 아니었다. 그러나 그분은 모든 제자가 밀알들이 되기를 원하셨다. 어떻게 그렇게 될 수 있었는가? 결코 가르침으로는 될 수 없었다. 요한복음 1장 4절은 예수님 안에 생명이 있었다고 말한다. 생명이 그분 안에 있었는데, 이는 그분께서 하나님이셨기 때문이다. 태초에 말씀께서 계셨고, 말씀은 곧 하나님이셨다(요 1:1). 그분 안에 생명이 있었다. 외적으로는 예수님과 제자들은 같았다. 그러나 차이점은 예수님 안에는 생명이 있었다는 것이다. 베드로 안에는 생명이 없었고, 야고보 안에도 생명이 없었고, 요한 안에도 생명이 없었고, 안드레 안에도 생명이 없었고, 다른 모든 제자 안에도 생명이 없었다. 예수님만이 영원한 생명을 가진 유일한 밀알이셨다. 유일한 밀알이신 그분은 죽고 부활하셔서 많은 열매를 산출하셨다. 그분께서 부활하심으로써, 그분 안에 있는 생명이 모든 제자 안으로 분배되어 그들 각 사람이 한 알의 밀이 되었다. 이제 우리는 부활이 어떠한 것인지를 볼 수 있다. 부활은 생명을 분배하는 것이다. '그리스도의 부활은 생명을 분배하는 것임'이라는 말은 우리가 잊어서는 안 될 새로운 표현이다. 이 생명은 신성한 생명, 하나님의 생명이다.

우리는 하나님-사람이신 주 예수님께서 하나님의 어린양, 육체를 지닌 사람, 마지막 아담, 놋 뱀, 모든 창조물 가운데 가장 먼저 나신 분, 화평하게 하시는 분으로서 죽으셨음을 보았다. 이러한 방면들에서 주님께서 십자가에서 죽으신 것은 생명 분배를 위한 것이 아니었다. 그분께서 밀알로서 십자가에서 죽으신 것만이 생명 분배를 위한 것이었다. 한 알의 밀이 죽지 않으면 한 알 그대로 남아 있게 된다. 그러나 그것이 죽으면, 자라서 많은 밀알을 산출할 것이다. 이것이 곧 생명을 분배하는 것이다. 주 예수님은 우주 가운데 있는 모든 부정적인 것들을 일소하시기 위해서만이 아니라 긍정적인 면에서 그분의 신성한 생명을 해방하시기 위해 십자가에서 죽으셨다. 따라서 주님의 죽음은 구속하는 방면과 생명을 해방하는 방면이 있다.

그분께서 죽으실 때, 그분의 찔린 옆구리에서 두 가지 곧 피와 물이 나왔다. 피는 그분의 구속에 대한 표시이고, 물은 그분께서 생명을 해방하신 것에 대한 표시이다. 그분은 죽으심으로 구속을 이루셨고 또한 생명을 해방하셨다. 이제 우리는 구속하는 피, 그리고 물로 상징되신 생명 주시는 영(고전 15:45하)을 가지고 있다. 피와 생수에 대해 주님께 감사드리자. 주님의 죽음은 부활을 가져온다. 그분은 죽고 사셨다. 주 예수님 이전에는 어떤 사람도 죽었다가 살아나지 못했다. 왜냐하면 어떤 사람 안에도 신성한 생명이 없었기 때문이다. 사람이 죽으면 그것은 끝났다는 의미이다. 그러나 예수님은 안에 신성한 생명을 가지고 계셨으므로, 그분의 죽음은 그분께서 신성한 생명을 해방하시는 것이었다. 그분은 죽고 살아나셨으며 그분의 생명을 해방하시어 많은 밀알을 산출하셨다.

우리는 주님과 아버지 안에 있고, 주님과 아버지는 우리 안에 계심

주 예수님께서 제자들에게 자신이 곧 죽으리라고 말씀하실 때 그들은 낙심했다. 그러나 주님은 제자들에게 계속해서 더 많이 말씀하셨다. 그분은 죽으시기 직전에 세 장으로 된 하나의 긴 메시지를 그들에게 말씀하셨는데, 바로 요한복음 14장부터 16장까지이다. 이 세 장의 중심 사상은 14장 20절에 있다. "그날에는 내가 아버지 안에 있고, 여러분이 내 안에 있으며, 내가 여러분 안에 있는 것을 여러분이 알 것입니다." '그날'은 주님의 부활의 날을 가리킨다(요 20:19). 주님께서 부활하신 날에, 제자들은 '내가 아버지 안에 있고 여러분이 내 안에 있으며 내가 여러분 안에 있는 것'이라는 말씀에 세 번 나오는 '안에'를 알게 되었을 것이다.

이미 주 예수님은 그분께서 아버지 안에 계시고 아버지께서 그분 안에 계신다고 제자들에게 말씀하셨다(요 14:10-11). 그분은 더 나아가, 그분과 아버지께서 하나이시라고 그들에게 말씀하셨다(요 10:30). 제자들이 아버지께서 그들 안에 계시고 그들이 아버지 안에 있으며 아버지와 그들이 하나라는 동일한 실재 안으로 들어간 것은 주님의 부활을 통해서였다. 그날 제자들은 주님께서 그분의 아버지 안에 계시고 그들이 주님 안에 있다는 것을 알았다. 주님께서 아버지 안에 계셨고 제자들은 이제 주님 안에 있었으므로, 그들 또한 아버지 안에 있었다. 제자들이 주님 안에 있으면 아버지 안에도 있는 것이었는데, 그것은 주님께서 아버지 안에 계셨기 때문이다. 주님 안에 있는 것이 곧 아버지 안에 있는 것이다. ('내가 여러분 안에 있는 것'이라는 말씀처럼) 주님께서 우리 안에 들어오실 때, 아버지도 우리 안에 들어오신다. 주님께서 우리 안에 계시므로 아버지 또한 우리 안에 계신다(요 14:23). 요한복음 14장 20절에서 주님은 '그날에는' 우리가 이것을 알 것이라고 말씀하셨다. 우리는 이미 '그날'에 있다. 따라서 우리 모두는 이 놀라운 사실을 안다고 선포해야 한다. 우리 모두는 우리가 주님과 아버지 안에 있고, 주님과 아버지께서 우리 안에 계신다고 선포해야 한다. 이것은 주님과 우리와 아버지가 서로 내주하고 함께 연합되었음을 의미한다.

우리는 주님 안에, 아버지 안에, 또한 부활 안에 있다. 부활 안에 있을 때, 우리는 주님과 아버지 안에 있고 주님과 아버지는 우리 안에 계신다. 부활은 한 인격인데, 이 인격은 바로 하나님의 아들이신 예수 그리스도이다(요 11:25). 주 예수님은 마르다에게 자신이 바로 부활이요 생명이라고 말씀하셨다. 그분은 우리에게 생명이실 뿐 아니라 부활이시다. 이것이 우리에게 교리에 불과해서는 안 된다. 우리는 부활 안에서 우리가 주님과 아버지 안에 있고 주님과 아버지께서 우리 안에 계신다는 이상을 반드시 보아야 한다.

그리스도와 함께 부활하고
그리스도의 부활 안에서 거듭남

에베소서 2장 6절은 "그분과 함께 일으키셨으며 그리스도 예수님 안에서 그분과 함께 하늘들의 영역 안에 앉히셨습니다."라고 말한다. 우리 믿는 이들은 그리스도와 함께 부활했다. 그리스도께서 부활하실 때 우리 모두가 부활했다. 사실상 우리는 태어나기 전에, 즉 이천 년쯤 전에 그리스도 안에서 부활했다. 하나님께서 보시기에 우리 모두는 육천 년 전에 아담 안에서 타락했다. 또한 하나님께서 보시기에 우리 모두는 이천 년 전에 그리스도 안에서 부활했다. 이것은 사람의 수학에 따른 것이 아니라 하나님의 계산 방식이다. 이 부활은 생명을 분배하는 것이다. 그러므로 베드로전서 1장 3절은 우리가 '죽은 사람들 가운데서 살아나신 예수 그리스도의 부활을 통하여' 거듭났다고 말한다. 하나님의 계산 방식에 따르면 우리는 태어나기도 전에 거듭났다. 즉 다시 태어났다. 첫 번째 출생을 체험하기도 전에 우리는 다시 태어났다. 이것이 곧 하나님의 수학이다. 그리스도와 함께 부활할 때 우리는 신성한 생명으로 거듭났다. 우리가 그리스도와 함께 부활할 때 신성한 생명이 우리 안에 분배되었다. 그 결과 우리는 그리스도의 부활 안에서 거듭났다. 이것은 부활이 생명을 분배하는 것임을 다시 한번 보여 준다.

교회는 그리스도의 부활의 산물임

에베소서 1장 19절부터 23절까지는 그리스도께서 부활하실 때 그분을 일으킨 능력이 지극히 큰 것이었음을 말해 준다. 그 능력은 모든 것을 초월한다. 그것은 무덤과 음부와 죽음을 초월한다. 그러한 지극히 큰 능력이 그분을 하늘들에 높이 올렸고 만물을 그분의 발아래 복종시켰으며 그분을 만물 위의 머리가 되시게 했는데, 그 목적은 교회를 산출하는 것이었다. 따라서 교회는 그리스도의 뛰어난 부활의 산물이다. 우리가 이천년 전에 거듭날 때 교회 또한 산출되었다. 어떤 사람들에게 이런 것들을 말하려고 한다면, 그들은 우리를 꿈꾸는 이들이라고 느낄지도 모른다. 사실 우리는 꿈꾸는 이들이 아니라 또 다른 우주에 있는 것들을 말하고 있는 것이다. 이 우주는 자연계의 우주가 아니라 부활이라는 우주이다. 우리는 자연이라는 우주가 아니라 부활이라는 우주에 속해 있다. 교회는 그리스도의 부활의 산물, 곧 생명 분배의 결과이다. 전적으로 교회는 천연적인 것이 아니라 순전히 부활 안에 있는 것이다. 천연적인 방식으로 타고난 생명에 의해 산다면 우리는 더 이상 교회가 아니다. 왜냐하면 교회는 전적으로 부활 안에 있는 것이기 때문이다.

교회는 하나님께서 창조하신 것이 아니라 부활시키신 것이다. 창세기 2장에서 하나님은 하와를 창조하지 않으셨다. 그분은 아담을 창조하셨을 뿐이다. 아담은 창조되었지만 하와는 부활했다. 아담은 하나님께서 창조하셨지만 하나님은 아담에게 아내를 창조해 주지 않으셨다. 하나님은 아담을 깊은 잠에 빠지게 하셨다(창 2:21). 성경에서 잠은 죽음을 상징한다(살전 4:13, 요 11:11-14, 고전 11:30). 그런 다음 하나님은 아담의 옆구리를 여시고 갈빗대 하나를 빼내시어 그 갈빗대로 그를 위한 아내를 건축하셨다. 아담은 잠에서 깨었을 때 아내를 보았다. 이 아내는 창조된 것이 아니라 부활 안에 있는 어떤 것이었다. 살아 있는 무언가가 아담에게서 나왔는데 그것이 바로 하와였다. 하나님은 아담의 갈빗대를 사용하여 아내를 건축해 주셨다. 이 아내는 창조되지 않았고 부활 안에서 건축되었다. 그러므로 에베소서 5장에 따르면 이 아내는 교회에 대한 상징이다. 교회는 하나님에 의해 창조된 것이 아니라 그리스도에게서 부활하여 나온 어떤 것이다.

아담과 똑같이, 그리스도는 십자가에서 '잠드셨고' 옆구리가 열리셨다. 창에 찔린 주님의 옆구리에서 피와 물이 나왔다. 피는 타락을 처리하는 구속을 위한 것이다. 아담의 옆구리에서 나온 갈빗대는 부서지지 않는 영원한 생명을 상징하고, 주님의 옆구리에서 나온 물 또한 영원한 생명을 상징한다. 아담의 뼈는 신성한 생명에 대한 예표이다. 이 신성한 생명은 그리스도의 옆구리에서 흘러나온 물로도 상징된다. 주님의 뼈는 십자가에서 하나도 꺾이지 않았다(요 19:36). 이것은 주님의 신성한 생명이 꺾일 수 없다는 의미이다. 그분의 육체의 생명은 죽음당했지만, 그 어떤 것도 교회를 산출하기 위해 흘러나오는 그분의 신성한 생명을 꺾을 수 없었다. 하나님은 갈빗대로 아내를 건축해 주셨고, 흐르는 물로 교회를 산출하셨다. 이와 같이, 교회는 하나님에 의해 창조된 것이 아니라 그리스도의 부활 안에서 산출된 어떤 것이다. 교회는 전적으로 부활 안에 있는 것이므로, 우리는 일할 때의 모든 천연적인 방식을 버려야 하고 또한 자신의 타고난 생명을 포기해야 한다.

교회는 부활 안에 있으며, 하와가 아담과 하나였듯이 그리스도와 하나이다. 아담과 하와, 이 둘은 한 육체가 되었고 그리스도와 교회는 한 영이 되었다(고전 6:17). 바울은 그리스도와 교회를 가리켜 의대한 비밀이라고 말한다(엡 5:32). 그리스도의 비밀인 교회(엡 3:4)는 신성한 생명을 분배한 결과이다. 그리스도의 뛰어난 부활로 말미암아, 그분 안에 있는 하나님의 생명이 그분의 모든 믿는 이 안으로 분배되어 교회가 산출되었다. 그리스도의 부활에 대해 주님을 찬양하고, 그리스도의 부활을 통해 우리가 거듭나고 교회가 산출된 것에 대해 주님을 찬양하자!

9

그리스도께서 생명 주시는 영이 되신 것에서 볼 수 있는 신성한 경륜

The Divine Economy in Christ Becoming the Life-giving Spirit

제9장

그리스도께서 생명 주시는 영이 되신 것에서 볼 수 있는 신성한 경륜

성경: 요 7:38-39, 14:16-20, 26, 15:26, 16:7, 13-15, 20:22, 고전 15:45하, 고후 3:17, 행 16:6-7, 롬 8:9-10, 빌 1:19, 딤후 4:22, 계 1:4, 5:6, 2:7, 22:17상

그리스도께서 취하신 두 주요 단계

신약은 그리스도께서 두 주요 단계를 취하셨음을 계시해 준다. 첫 번째 단계는 그분의 육체 되심이었고 두 번째 단계는 그분의 부활이었다. 과거 수 세기 동안 그리스도인들은 그리스도의 육체 되심에 많은 관심을 기울였지만, 그리스도의 부활은 매우 소홀히 다루었다. 하나님 곧 우주의 창조주이신 주 예수님께서 사람이 되시기 위해 중요한 발걸음을 내디디셨다. 신약은 말씀이신 하나님께서 육체가 되셨다고 말한다(요 1:14). 이것은 하나님께서 그분 자신을 타락한 사람과 연결하셨다는 의미이지만 그분께는 죄가 없으셨다. 하나님은 중요한 발걸음을 내디디심으로 사람이 되셨으며 이 사람은 놀라운 분이셨다. 그분은 평범한 사람이 아니라 하나님-사람이셨다. 이 하나님-사람께서 이 땅에서 삼십삼 년 반 동안 사시고 인간 생활을 통과하셨다. 그분은 자신의 인간 생활 마지막에 십자

가로 가셨고, 모든 것을 포함한 죽음을 죽으셔서 우주 안에 있는 모든 부정적인 것들을 없애심으로써, 그분 자신을 하나님께 선택받은 사람들 안에 분배하실 길을 활짝 여셨다. 그분의 죽음을 통해, 이 하나님-사람 안에 있는 신성한 생명이 해방되었다. 이 신성한 생명이 해방됨으로 많은 믿는 이가 산출되었다. 즉 그리스도의 몸인 교회가 산출되었다. 주님은 육체 되심의 단계를 취하심으로 육체를 지닌 사람이 되셨다. 죽음을 통해 그분은 부활이라는 두 번째 단계를 취하심으로 생명 주시는 영이 되셨다(고전 15:45하). 부활하신 하나님-사람으로서 그분은 생명을 주시는 그 영이 되셨다(고후 3:6, 17).

우리는 신약의 두 핵심 절에 철저히 주의를 기울일 필요가 있다. 요한복음 1장 14절은 "말씀께서 육체가 되시어"라고 말하고, 고린도전서 15장 45절 하반절은 "마지막 아담은 생명 주시는 영이 되셨습니다."라고 말한다. 많은 성경 교사가 말씀께서 육체가 되신 것을 사람들에게 말했다. 그러나 마지막 아담이 생명 주시는 영이 되셨다는 것을 가르친 사람은 많지 않았다. 이 두 절에는 '되셨다'라는 동일한 서술어가 사용된다. 말씀께서 육체가 '되셨다'. 마지막 아담은 생명 주시는 영이 '되셨다'. 우리는 성경의 분명하고도 정확한 말씀에 인상을 받을 필요가 있다.

하나님이신 주 예수님께서 육체가 되셨다. 그분은 사람이 되셨으며 이 사람이 곧 마지막 아담이셨다. 육체를 지니신 예수님이신 이 마지막 아담께서 생명 주시는 영이 되셨다. 육체 되심 이전에 주 예수님은 전적으로, 오로지, 홀로, 온전하고도 완전히 하나님이셨다. 그분은 완전하신 하나님이시자 하나님 전체이시자 하나님 전부이셨지만 사람은 아니셨다. 육체 되심 이전에 그분은 사람의 본성이나 요소나 본질이 없으셨다. 본질적으로 그분은 신성한 요소와 본성만 있으셨다. 약 이천 년 전 어느 날 그분은 놀라운 단계를 취하셨다. 즉 하나님께서 처녀에게서 사람으로 태어나시어 구유에 뉘어지셨다. 구유에 있는 그 작은 아기가 전능하신 하나님이셨다(사 9:6). 그분은 단지 하나님만이 아니라 하나님-사람이셨다. 이것이 우주 안에서 가장 위대한 기적이다!

이 하나님-사람의 이름이 예수이다. 예수라는 이름을 말할 때마다, 우리는 예수님께서 사람이 되신 하나님이셨고 이 땅에서 삼십삼 년 반을 사셨다는 것을 상기해야 한다. 그분은 사람들이 멸시하는 작은 동네인 나사렛에서 사셨다. 그분은 가난한 가문과 비천한 목수의 가정에서 사셨다. 우주의 창조주, 하늘들과 땅의 창조주께서 손님이 아닌 아들로서 한 가난한 목수의 가정에서 사신 것은 놀라운 일이다. 그분은 목수로서 그곳에 사셨는데(막 6:3), 이는 사람의 모습을 지니신 하나님께서 목수의 일을 하신 것이다. 그분은 외적으로 사람의 모습을 지니고 계셨지만 내적으로는 하나님이셨다. 이분이 바로 우리 주 예수님이시다. 제한이 없으신 하나님, 무한하신 하나님께서 한 작은 가정에서 제한과 속박을 받으시며 목수가 되셨다. 어떠한 인내였겠는가! 어떠한 고난이었겠는가! 어떠한 제한이었겠는가! 어떠한 속박이었겠는가!

이 하나님-사람은 삼십 세가 되셨을 때 그분의 사역을 시작하셨다. 그 영께서 그분의 사역에 능력을 주시기 위하여 비둘기처럼 그분 위에 내려오셨다. 그리고 이 하나님-사람께서 십자가에서 죽으심으로 우주 안의 모든 부정적인 것들을 일소하셨다. 그 결과 그분은 삼일 하나님의 체현으로서 그분 자신을 우리 안에 분배하실 수 있었다. 그분은 부활 안으로 들어가셨는데, 이것은 그분께서 무언가가 되시기 위한 두 번째 단계였다. 마지막 아담이신 그분은 생명 주시는 영이 되셨다.

전통적인 신학이 놓친 중점은 그리스도께서 생명 주시는 영이 되셨다는 바로 이 문제이다. 우리는 하나님 자신이신 주 예수님께서 왜 이 두 단계를 취해야 하셨는지를 알 필요가 있다. 첫째로, 주님은 구속을 성취하셔야 했다. 즉 우주를 깨끗하게 하시고 모든 부정적인 것들을 쓸어 내셔야 했다. 이 때문에 주님은 사람이 되시기 위해 첫 번째 단계를 취하셔야 했다. 주님께서 사람이 아니시라면 구속을 성취하실 수 없었다. 그러므로 주님은 사람의 피와 살이 있는 평범한 사람이 되셨다(히 2:14). 그분은 십자가에서의 죽음을 통해 모든 것을 포함한 구속을 성취하심으로써 모든 부정적인 것들을 제거하시고 우주를 청소하셨는데, 이것은 신성한 분배를 위한 것이었다. 주님은 놀라운 한 가지 일을 행하심으로써 모든 부정적인 것들을 제거하시고 모든 장애물을 쓸어 내시고 온 우주를 매우 정결하고 깨끗하게 하셨으며, 그 결과 하나님께서 오셔서 그분의 선민 안으로 그분 자신을 분배하실 수 있었다.

많은 유대인이 하나님께서 예수라는 이름으로 사람이 되셨음을 믿지 않는 것은 매우 안타까운 일이다. 그들은 하나님을 믿고 구약성경을 존중하고 중시하지만 그들의 하나님께서 예수라는 이름으로 사람이 되셨다는 신약의 사상을 받아들이려고 하지 않는다. 예수님께서 그들과 함께 계시며 그분이 하나님이심을 나타내실 때, 유대인들은 그분이 하나님을 모독하고 있다고 말했다(마 9:3, 요 10:33). 나사렛 출신의 사람이 하나님이 될 수 있다는 것은 그들에게 어처구니없는 일이었다. 하나님께서 그들을 구원하시기 위해, 즉 구속하시기 위해 사람이 되셔야 했다는 것을 그들은 이해하지 못했다. 그들은 다음과 같은 이사야서 7장 14절을 간과했다. "그러기에 주님께서 직접 여러분에게 표적을 주실 것입니다. 보십시오, 처녀가 잉태하여 아들을 낳을 것이며, 그 이름을 임마누엘이라 부를 것입니다." '임마누엘'은 '우리와 함께 계시는 하나님'이라는 뜻이다(마 1:23). 처녀에게서 나신 아들은 사람과 함께 계시는 하나님 곧 예수님이시다.

부정적인 것을 처리하는 면에서, 하나님-사람이신 예수님은 모든 것을 포함한 구속을 이루심으로 온 우주를 청소하셨다. 긍정적인 면에서, 마지막 아담이신 그분은 생명 주시는 영이 되셨다. 육체 되심 안에서 그분은 살과 피, 뼈와 피부가 있는 물질적인 몸을 갖고 계셨다. 부활 후에 그분의 몸은 다른 형태로 변형되었다. 고린도전서 15장은 이것이 영적인 몸이라고 말한다(44절). 빌립보서 3장 21절은 '그분의 영광의 몸'을 언급한다. 이것은 부활하신 그리스도의 몸을 가리킨다. 이 몸은 그 영에 의해 하나님의 영광으로 적셔져서(눅 24:26) 부패와 죽음을 초월한다(롬 6:9). 고린도전서 15장에서 바울은 씨가 땅속에 뿌려질 때에는 어떤 형체가 있지만 그 씨가 죽고 자라면 다른 형체가 된다고 말한다(35-38절). 땅에 뿌려진 씨는 죽었다가 살아나게 된다. 이것이 부활이다. 씨의 부활한 몸은 다른 외형을 지닌 더 높은 수준의 부활한 형체이다. 십자가에 못 박힌 예수님의 몸은 물질적인 몸이었지만, 부활한 몸은 영적인 몸이다. 그분은 부활하신 후에도 하나의 몸 곧 영적인 몸을 소유하고 계신다.

그분은 부활하신 날 저녁에, 박해하는 유대인들을 두려워하던 제자들에게 돌아오셨다(요 20:19). 죽음의 위협 아래 있었던 제자들은 자기들이 모인 곳의 문을 닫고 있었다. 갑자기 예수님께서 그들 가운데 서 계셨다. 주님은 부활한 몸(눅 24:37-40, 고전 15:44)으로 제자들이 있는 방 안에 오셨다. 누가복음 24장 37절은 "그들은 놀라고 무서워했으며, 영을 보고 있는 줄로 생각하였다."라고 말한다. 그러나 주 예수님은 그들에게 이렇게 말씀하셨다. "나의 손과 발을 보십시오. 바로 나입니다. 나를 만지고 살펴보십시오. 영은 살과 뼈가 없지만, 여러분이 보는 것처럼 나에게는 있습니다.' 예수님께서 이 말씀을 하시고, 손과 발을 그들에게 보여 주셨다."(눅 24:39-40) 주님은 뼈와 살이 있으셨는데 어떻게 문이 닫힌 방 안에 들어오실 수 있었는가? 제한된 지능으로는 이해할 수 없지만, 그것은 사실이다! 주님께서 물질적인 분이셨을 뿐이라면 어떻게 문을 열지도 않고 들어오실 수 있었겠는가? 그분께 형체가 있는 몸이 없으셨다면 어떻게 제자들이 그분을 만질 수 있었겠는가? 우리는 바로 이분이 부활한 영적인 몸, 즉 영광의 몸을 지니신 주 예수님이시라고 말할 수 있을 뿐이다.

부활은 하나의 놀라운 현상이다. 씨가 땅속에 뿌려져 아름다운 꽃으로 자랄 수 있는 것은 놀라운 일이다. 부활하신 후에도 주 예수님은 몸을 소유하고 계셨는데, 이 몸은 영적인 몸으로서 여전히 사람들이 만질 수 있었다. 육체 되심이라는 첫 번째 단계에서 주님은 우리의 구속자 즉 구주가 되시기 위해 사람이 되셨다. 그런 다음 그분은 부활의 단계인 두 번째 단계를 취하셔서, 생명 주시는 영이 되셨다. 이것은 신성한 생명을 여러분과 내 안에 나누어 주시기 위한 것이었다. 그분은 사람이 되셔서 우리를 위해 죽으셨고 생명 주시는 영이 되셔서 우리 안에 생명을 나누어 주셨는데, 이 모든 것은 하나님의 분배를 위한 것이었다.

어떤 전통적인 신학자들은 신성한 삼일성 안에 있는 세 위격인 아버지와 아들과 영을 혼동해서는 안 되며 이 셋이 언제나 분명히 분리되어 있어야 한다고 말한다. 그러나 성경은 하나님의 아들 예수님께서 그 영이 되셨다고 가르친다. 주 예수님은 태어나실 때 육체가 되셨다. 부활하실 때 그분은 그 영이 되셨다. 어떤 사람들은 고린도전서 15장 45절 하반절에 나오는 생명 주시는 영은 성령이 아니라고 하며 나와 논쟁했다. 나는 '생명 주시는'이라는 수식어를 그들에게 지적해 주었다. 그런 다음 나는 "여러분은 우주 가운데, 성령 외에 생명을 주시는 또 다른 영이 계신다고 믿습니까?"라고 물었다. 온 우주 안에는 생명을 주실 수 있는 한 영만 계시는데, 바로 성령이시다.

우리는 마지막 아담이신 주 예수님께서 성령이 되신 것이 성경적이고 심지어 논리적임을 인정해야 한다. 그러면서도 우리는 이 문제를 완전히 이해할 수 없다고 느낄지 모른다. 그러나 우리는 자신이 이해할 수 없는 것들이 많이 있음을 깨달아야 한다. 각 사람은 두 심장,* 곧 신체적인 심장과 정신적인 심장을 갖고 있다. 예레미야서 17장 9절은 우리의 마음이 부패하여 치유될 수 없음을 말한다. 이것은 우리의 정신적인 심장이다. 신체적인 심장은 엑스레이로 볼 수 있다. 그러나 정신적인 심장이 어디에 있는지 누가 가리켜 보일 수 있는가? 우리는 자신에게 이러한 심장이 있다는 것을 아는데, 그것은 감정과 생각과 의지와 양심이 있기 때문이다. 우리는 날마다 마음의 작용을 체험하지만 이 마음의 위치를 가리켜 보일 수 없다. 마찬가지로, 사람은 모두 영과 혼을 가지고 있지만 자기 존재의 이 부분들이 있는 위치를 가리켜 보일 수 있겠는가? 우리는 영과 혼과 마음이 있는 것에 대해 주님께 경배할 수 있을 뿐이다. 우리는 이것들이 어디에 있는지 그리고 어떻게 서로 연관되어 있는지 알지 못한다. 우리는 한정된 이해력에 제한받지만, 거룩한 말씀에 따라 사실들을 받아들일 수 있다. 거룩한 말씀은 아버지와 아들과 성령에 대한 많은 진리를 말해 준다. 우리는 이 사실들을 받아들이고 이 사실들에 '아멘' 한다. 이 생명 주시는 영은 틀림없이 성령이시다. 이것을 이해할 수 없을지 모르지만, 우리는 마지막 아담이신 주 예수님께서 부활 안에서 생명 주시는 영이 되셨다는 이 성경적인 사실과 계시에 반드시 '아멘' 해야 한다.

주님은 우리의 영과 함께 계심

디모데후서 4장 22절은 "주님께서 그대의 영과 함께 계시기를 바랍니다."라고 말한다. 오늘날 주 예수님은 더 이상 십자가에 계시지 않고 하늘

* 영어로는 '심장' 혹은 '마음'이라고 번역되는 '하트(heart)'임—역자 주

들에만 계시지도 않는다. 그분은 바로 지금 여러분과 나, 곧 우리의 영 안에 계신다. 그분께서 그 영이 아니시라면 어떻게 우리의 영 안에 계실 수 있겠는가? 주님은 '우리의' 영과 함께 계신다. 주님은 오늘날 우리의 영과 함께 계시는데, 이는 그분께서 생명 주시는 영이시기 때문이다. 주님은 하늘들에 계시고, 그와 동시에 무소부재(無所不在)하신 영으로서 생명뿐 아니라 평안도 주시기 위해 우리 영 안에 계신다. 이것은 우리 존재 안으로 삼일 하나님을 분배하기 위한 것이다.

마지막 아담이신 주님께서
어떻게 생명 주시는 영이 되셨는지를 봄

이제 우리는 마지막 아담이신 주님께서 어떻게 생명 주시는 영이 되셨는지를 볼 필요가 있다. 주님께서 생명 주시는 영이 되셨다는 것은 비교적 쉽게 알 수 있는데, 성경이 그것을 직접적으로 말해 주기 때문이다. 그러나 어떻게 주님께서 생명 주시는 영이 되셨는지를 알기란 쉬운 일이 아니다. 요한복음에서 우리는 어떻게 아들께서 아버지와 함께(8:29), 아버지의 이름으로(5:43) 오셨는지를 보았다. 주님은 아버지와 하나이셨다(17:22). 아버지는 그분 안에 계셨고, 그분은 아버지 안에 계셨다(14:10-11). 그분은 자신의 뜻을 구하지 않으시고 아버지의 뜻을 구하셨다(6:38). 그분은 자신의 일을 하지 않으시고 아버지의 일을 하셨다(17:4). 그분은 자신의 말씀을 하지 않으시고 아버지의 말씀을 하셨다(14:24). 그분은 자신의 영광을 구하지 않으시고 하나님의 영광을 구하셨다(7:18). 아들은 아버지의 이름으로 오셨고, 그분 자신이 아니라 아버지로 말미암아 사셨다(6:57). 그분은 전적으로 아버지에 의해 행동하시고 움직이시고 일하셨다. 사람들은 아들을 볼 때 아버지를 보았다(14:9). 아들과 아버지는 하나이시다

(10:30). 이것은 요한복음에 분명하게 계시되어 있다. 어떻게 아들께서 생명 주시는 영이 되셨는지도 요한복음에 계시되어 있다. 첫째로, 아들은 아버지와 함께 아버지의 이름으로 오셨다. 둘째로, 아들은 생명 주시는 영이 되셨다.

요한복음 7장 38절에서 주 예수님은 누구든지 그분을 믿는 사람은 그의 가장 깊은 곳에서 생수의 강들이 흘러나올 것이라고 말씀하셨다. 그런 다음 39절은 이렇게 말한다. "이것은 예수님을 믿은 사람들이 받을 그 영에 대해 말씀하신 것이다. 예수님께서 아직 영광스럽게 되지 않으셨기 때문에, 그 영께서 아직 계시지 않았다." 39절은 하나님의 영이나 여호와의 영이나 성령을 언급하지 않고 다만 '그 영'을 말한다. 창세기 1장에서의 하나님의 창조에서 하나님의 영은 이미 거기에 계셨다(2절). 그리고 창조 후에 하나님은 사람을 접촉하러 오셨고 따라서 여호와의 영이 계시된다(삿 3:10, 6:34). 하나님의 영은 하나님의 창조와 관련되고, 여호와의 영은 하나님께서 사람을 접촉하시는 것과 관련된다. 하나님의 영과 여호와의 영은 구약에서 그 영께 붙여진 두 가지 중요한 칭호이다. 구약에는 성령이 언급되지 않는다. 시편 51편 11절과 이사야서 63장 10절과 11절에서 〈흠정역 성경(King James Version)〉의 '성령'은 '거룩한 영'으로 번역되어야 한다. '성령'은 하나님의 복음을 시작하는 일에, 즉 구주께서 오시는 길을 예비하고(눅 1:15) 주님을 위한 사람의 몸을 예비하는 일(마 1:18, 20)에 사용되기 시작했다. 예수님께서 잉태되시고 태어나실 때 성령이 언급되어 있다.

하나님의 영과 여호와의 영과 성령은 다만 한 영이시다. 그러나 요한복음 7장은 그 영께서 아직 계시지 않았다고 말한다. 하나님의 영은 태초부터 계셨고, 여호와의 영은 하나님께서 사람을 접촉하실 때 그곳에 계셨으며, 성령은 주님께서 잉태되시고 출생하실 때 그곳에 계셨다. 그런데 왜 요한복음 7장은 “그 영께서 아직 계시지 않았다.”라고 말했는가? 이어서 요한은 예수님께서 아직 영광스럽게 되지 않으셨기 때문에 그 영께서 아직 계시지 않았다고 말한다. 예수님께서 영광스럽게 되시는 것은 마지막 아담께서 생명 주시는 영이 되시기 위한 길이었다. 마지막 아담이신 주 예수님은 영광스럽게 되심으로써 생명 주시는 영이 되셨다.

앤드루 머리(Andrew Murray)는 그의 저서 〈그리스도의 영(The Spirit of Christ)〉에서 요한복음 7장 39절에 대해 말한다. 그 책 5장의 제목은 ‘영광스럽게 되신 예수님의 영’이다. 앤드루 머리는 영광스럽게 되신 예수님의 영이 하나님의 영과 여호와의 영과 다르시고 심지어 성령과도 다르시다고 지적한다. 하나님의 영은 창조 때에 계셨고, 여호와의 영은 하나님께서 사람들을 접촉하실 때 그곳에 계셨으며, 성령은 그리스도의 잉태되심과 출생 때에 그곳에 계셨지만, 영광스럽게 되신 예수님의 영은 예수님께서 영광을 받으실 때까지 아직 계시지 않았다. 하나님의 창조부터 그리스도의 부활까지 우주 안에 주로 네 가지 중요한 일이 있었는데, 바로 하나님의 창조와 하나님께서 사람을 접촉하심과 예수님의 출생과 부활이다. 하나님의 창조를 위해서는 하나님의 영이 계셨고, 하나님께서 사람을 접촉하시기 위해서는 여호와의 영이 계셨으며, 그리스도의 출생을 위해서는 성령이 계셨고, 그리스도의 부활을 위해서는 영광스럽게 되신 예수님의 영이 계셨다.

그 영으로 실재화되신 아들께서 믿는 이들 안에 거하심

요한복음 14장 10절과 11절에서 주님은 자신이 아버지와 하나이신 것, 즉 아버지께서 자신 안에 계시고 자신이 아버지 안에 계신다는 것을 계시하셨다. 사람들은 그분을 볼 때 아버지를 보았다(9절). 더 나아가 16절부터 20절까지에서 주님은 자신과 그 영 또한 하나이심을 계시하셨다. 주님은 자신과 아버지가 하나이심을 계시하신 후에 16절에서는 자신이 아버지께 구하실 것이고 그러면 아버지께서 또 다른 보혜사를 제자들에게 보내셔서 영원토록 그들과 함께 계시게 하실 것이라고 말씀하셨다. 17절은 이 보혜사에 대해 이렇게 말한다. "실재의 영이십니다. 세상은 그분을 받을 수 없습니다. 왜냐하면 그분을 보지도 못하고, 알지도 못하기 때문입니다. 그러나 여러분은 그분을 알고 있습니다. 왜냐하면 그분께서 여러분과 함께 거하시고, 여러분 안에 계실 것이기 때문입니다.' 우리는 실재의 영을 아는데, 이는 그분께서 우리 안에 거하시기 때문이다. 날마다 그분은 우리 안에서 말씀하시며 우리를 교정하시고 인도하신다. 18절에서 주님은 계속해서 이렇게 말씀하셨다. "나는 여러분을 고아처럼 버려두지 않을 것입니다. 나는 여러분에게 돌아옵니다." 17절에서 실재의 영인 '그분'은 18절에서 주님 자신인 '나'가 된다. 이것은 주님께서 부활하신 후에 실재의 영이 되셨음을 의미한다. 고린도전서 15장 45절 하반절은 이것을 확증한다.

'고아'는 한 아버지의 자녀를 가리킨다. 이것은 예수님께서 그분 자신을 아버지로 여기셨음을 보여 준다. 아들이신 그분께서 어떻게 제자들에게 그들을 고아처럼 버려두지 않을 것이라고 말씀하실 수 있었는가? 이렇게 말씀하셨으므로 그분은 틀림없이 아버지이시다. 그분은 아들이신가 아버지이신가? 이 질문에 대답하는 최상의 길은 그분께서 아버지의 이름 안에 계신 아들이시라고 말하는 것이다. 그분은 아버지의 이름 안에 계신 아들이셨기 때문에 제자들에게 그들을 고아처럼 버려두지 않을 것이라고 말씀하실 자격이 있으셨다. 주님께서 제자들에게 오시는 것은 요한복음 20장 19절부터 22절까지에서 그분께서 부활하신 날 성취되었다. 부활하신 후에 주님은 제자들을 고아처럼 버려두지 않으시고 그들과 영원히 함께하시기 위해 그들에게 돌아오셨다.

요한복음 14장 19절과 20절은 이렇게 말한다. "잠시 후면 세상은 나를 더 이상 보지 못하겠지만, 여러분은 나를 볼 것인데, 이것은 내가 살므로 여러분도 살 것이기 때문입니다. 그날에는 내가 아버지 안에 있고, 여러분이 내 안에 있으며, 내가 여러분 안에 있는 것을 여러분이 알 것입니다." 19절에는 주님의 죽음과 부활이 암시되어 있다. 그분께서 "잠시 후면 세상은 나를 더 이상 보지 못하겠지만"이라고 말씀하실 때, 이것은 그분의 죽음을 암시했다. 그분은 죽고 장사되셨다. 따라서 세상 사람들은 그분을 볼 수 없었다. 그분께서 "내가 살므로 여러분도 살 것이기 때문입니다."라고 말씀하실 때, 이것은 그분의 부활을 암시했다. 부활하신 후에 주님은 그분의 제자들 안에서 사셨고 그들은 그분에 의해 살았다(갈 2:20). 부활의 날에 제자들은 주님께서 아버지 안에 계시고 그들이 주님 안에 있으며 주님께서 그들 안에 계신 것을 알게 되었다.

아들이시며 아버지와 함께하시는 그 영

요한복음 14장 26절은 "아버지께서 내 이름으로 보내실 성령, 곧 보혜사"라고 말한다. 아버지는 아들의 이름으로 그 영을 보내셨다. 이 한 가지에 삼일성이 포함되어 있었다. 아들은 아버지의 이름으로 오셨으므로 아버지의 이름 안에 계신 아들이셨다. 이제 그 영은 아버지에 의해 아들의 이름으로 보내어지셨으므로 아들의 이름 안에 계신 그 영이셨다. 아들께서 아버지의 이름으로 오셨다는 것은 이름으로는 아버지이셨고 인격으로는 아들이셨음을 가리킨다. 이제 그 영께서 아들의 이름으로 보내어지셨다는 것은 이름으로는 아들이셨고 인격으로는 그 영이셨음을 가리킨다.

이름으로는 아들이 아버지이셨고 그 영이 아들이셨다. 이러한 분이 삼일 하나님, 곧 셋-하나이신 하나님이시다. 삼일 하나님은 셋이시지만 하나이시고, 하나이시지만 셋이시다. 아들은 아버지로서 오셨고, 그 영은 아들로서 오셨다. 따라서 그 셋은 하나이시다. 우리는 아들이 아버지이시고(사 9:6) 그 영이 아들이시라고(고후 3:17) 말할 수 있다.

어떤 전통적인 신학자들은 신격의 세 위격이 혼동되어서는 안 되며 항상 구별되고 분리되어 있어야 한다고 주장한다. 그러나 우리는 성경을 통해, 아들께서 아버지의 이름으로 계시고 그 영께서 아들의 이름으로 계신다는 것을 보았다. 이것은 한 면으로는 이 셋 사이에 구별이 있지만 다른 한 면으로는 이 셋이 하나이심을 보여 준다. 그 셋이 하나가 아니시라면, 어떻게 아들께서 아버지의 이름으로 계실 수 있겠는가? 그 셋이 하나가 아니시라면, 어떻게 그 영께서 아들의 이름으로 계실 수 있겠는가? 우리는 반드시 성경의 순수한 말씀으로 돌아가야 한다.

요한복음 15장 26절은 "내가 아버지에게서 여러분에게 보낼 보혜사, 곧 아버지에게서 나오시는 실재의 영께서 오시면, 그분께서 나에 대하여 증언하실 것입니다."라고 말한다. '에게서'에 대한 헬라어 전치사 '파라'의 의미는 '-에게서 함께'이다. 아들은 그 영을 아버지와 함께 보내시고, 그 영은 아버지와 함께 제자들에게 나아가신다. 이것은 아들과 아버지가 모두 그 영과 함께 오심을 의미한다. 그 영께서 오실 때 아버지와 함께 오시고 아들께서 뒤따르신다. 그 영께서 오실 때 그 셋 모두가 오신다. 이것이 성경에 있는 주 예수님의 가르침이다.

요한복음 16장 7절은 이렇게 말한다. "내가 여러분에게 진실을 말하는데, 내가 떠나가는 것이 여러분에게 유익합니다. 내가 떠나가지 않으면 보혜사께서 여러분에게로 오지 않으실 것이나, 내가 가면 그분을 여러분에게 보낼 것입니다." 13절부터 15절까지에서 주 예수님은 계속해서 이렇게 말씀하셨다. "그러나 실재의 영께서 오시면, 그분께서 여러분을 모든 실재 안으로 안내하실 것입니다. 왜냐하면 그분께서 스스로 말씀하지 않으시고 듣는 것만 말씀하시며, 장차 올 일들을 여러분에게 알려 주실 것이기 때문입니다. 그분께서 나를 영광스럽게 하실 것인데, 왜냐하면 그분께서 내 것을 받으셔서 여러분에게 알려 주실 것이기 때문입니다. 아버지께서 소유하고 계신 것은 모두 내 것입니다. 그러므로 내가 '그분께서 내 것을 받으셔서 여러분에게 알려 주실 것입니다.'라고 말한 것입니다." 아버지의 온 존재와 모든 소유는 아들 안에 체현되어 있고(골 2:9), 아들의 온 존재와 모든 소유는 믿는 이들에게 그 영을 통해 실재로서 계시된다. 이 절들은 아버지의 소유가 아들의 것이 되고, 아들의 소유를 그 영께서 받으시며, 그 영께서 받으시는 것이 우리에게 밝혀짐을 보여 준다. 그 영께서 계시하는 것은 무엇이든지 아들의 것이고, 아들께서 소유하신 것은 무엇이든지 아버지의 것이다. 그 영은 아들께서 아버지에게서 받으신 모든 것을 받으시고 우리에게 계시해 주신다. 이것은 그 영께서 아버지와 함께하시는 아들을 우리에게 계시하신다는 것을 뜻한다. 다시 한번 우리는 신격 안에 계신 그 셋께서 셋-하나, 곧 삼일이심을 본다.

모든 것을 포함하신 영

주님은 요한복음 14장부터 16장까지에 기록된 대로 제자들과 말씀하시고 17장에 기록된 대로 기도하신 후에 겟세마네로 가셨고 그날 밤 그곳에서 붙잡히셨다. 그런 다음 그분은 재판받으시고 사형 선고를 받으셨다. 주님은 십자가에 못 박히시고 장사되셨으며 사흘 만에 부활하셨다. 마지막 아담이신 예수님은 영광스럽게 되셨을 때 즉 부활하셨을 때, 생명 주시는 영이 되셨다. 창조에서의 하나님의 영은 사람과 접촉하는 방면에서는 여호와의 영이셨고, 하나님께서 사람과 접촉하실 때의 여호와의 영은 예수님의 잉태되심과 출생에서는 성령이셨다. 이제 이 영은 예수님의 부활 안에서 생명 주시는 영이 되셨다.

지금 '그 영', 곧 생명 주시는 영은 모든 것을 포함한 음료이시다. 하나님의 영은, 많은 것이 첨가되어 모든 것을 포함한 음료가 되기 전의 맹물과 같으시다. 맹물에 차와 설탕과 꿀과 레몬과 우유가 모두 더해지면, 그것은 여전히 물이지만 단지 물만은 아니다. 여러분은 그 물을 마실 때 차와 설탕과 레몬과 꿀과 우유도 먹게 된다. 예수님께서 영광스럽게 되시기 전에 하나님의 영은 다만 신성한 영이셨지만, 예수님께서 영광스럽게 되셨을 때 즉 부활하셨을 때 많은 중요한 것이 하나님의 영께 더해졌다. 예수님의 높아지고 영광스럽게 된 인성과 인간 생활이 하나님의 영께 더해졌다. 주님의 모든 것을 포함한 죽음, 그분의 죽음의 달콤함과 효능, 그분의 부활과 부활 능력은 하나님의 순수한 영께 더해진 새로운 요소였다.

예수님께서 부활하시기 전에는 단지 하나님의 영, 여호와의 영, 성령만 계셨다. 의심할 바 없이 하나님의 영 안에는 신성한 요소가 있었지만, 인성도 없었고 인간 생활도 없었으며 그분의 모든 것을 포함한 죽음과 강력한 부활에 속한 것도 전혀 없었다. 예수님께서 부활하신 후에 즉 영광스럽게 되신 후에, 하나님의 영은 영광스럽게 되신 예수님의 영이 되셨다. 이제 이 영 안에는 신성 곧 하나님의 신성한 요소가 있고, 인성 곧 사람의 요소도 있다. 인간 생활, 그리스도의 모든 것을 포함한 죽음, 그리스도의 강력한 부활도 있다. 이 모든 항목이 하나님의 영 안에 복합되어 있다. 이러한 분이 '그 영', 곧 모든 것을 포함하시고 복합되신 생명 주시는 영이시다. 고린도후서 3장 17절은 "주님은 그 영이십니다."라고 말한다. 주님은 아버지의 이름 안에 계신 아들이시다. 그분은 아버지와 함께하시는 예수님으로서 지금은 그 영이시다. 아버지와 함께하시는 아들은 지금 모든 것을 포함하시고 복합되신 생명 주시는 영이시다.

예수님의 영과 그리스도의 영과 예수 그리스도의 영

사도행전 16장 7절은 이 영을 예수님의 영이라고 부른다. 하나님의 영은 하나님 자신이시고, 여호와의 영은 여호와 자신이시며, 예수님의 영은 예수님 자신이시다. 로마서 8장에서 그리스도의 영은 그리스도 자신이시다(9-10절). 그런 다음 빌립보서 1장 19절은 예수 그리스도의 영을 언급한다. 이 영은 바로 예수 그리스도 자신이시다.

그 영

요한계시록 2장 7절은 그 영께서 교회들에게 말씀하신다고 말한다. 여기에서도 그 영은 모든 것을 포함하시고 복합되신 생명 주시는 영이시다. 22장 17절 상반절은 "그 영과 신부께서 말씀하십니다."라고 말한다. 이 복합되신 영은 결국 교회 즉 신부와 하나가 되신다. 나는 우리 모두가 '그' 영에 대한 이상을 받아들이기 바란다. 그 영은 삼일 하나님과 사람이신 예수님과 그분의 인간 생활과 죽음과 부활이 복합된 분이시다. 우주 안에 있는 모든 긍정적인 것이 이 한 영 곧 '그' 영 안에 복합되었다. 신약의 처음 네 권은 아버지와 함께하시고 그 영에 의해 계시는 아들에 대한 것이지만, 그다음 스물두 권은 '그' 영에 관한 것인데, '그' 영은 바로 삼일 하나님, 합당한 사람, 합당한 인간 생활, 그리스도의 죽음, 그리스도의 부활이 복합된 분이시다. 이 영께서 신약의 스물일곱 권 중 스물두 권을 차지하신다. 사복음서에서 핵심은 아버지와 함께 그 영에 의해 계시는 아들이었다. 이제 핵심은 신성과 인성과 인간 생활과 죽음과 부활이 복합되신, 아버지와 함께하시는 아들이신 그 영이다. 오늘 우리 안에 계시는 그 영은 이러한 영이시다. 복합되시고, 모든 것을 포함하시고, 생명을 주시고, 과정을 거치신 이 영을 가질 때 우리는 모든 것을 가진다. 이것은 하나님 자신을 우리 안에 분배하는 하나님의 경륜을 위한 것이다.

10

생명 주시는 영에게서 볼 수 있는 신성한 경륜

The Divine Economy in the Life-giving Spirit

제10장

생명 주시는 영에게서 볼 수 있는 신성한 경륜

성경: 요 20:22, 롬 8:2, 10, 6하, 11, 고후 3:6하, 17-18, 계 1:4-5, 4:5, 5:6

과정을 거치신 삼일 하나님의 궁극적인 완결

하나님께서 아들 안에 체현되어 계시고 아들께서 그 영으로 실재화되시는 것은 하나님의 분배를 위한 것이다. 이로써 하나님은 그분 자신을 사람 안으로 분배하실 수 있다. 그 영은 아들의 실재화이시고 아들은 하나님의 체현이시다. 이 두 항목으로 말미암아 하나님은 그분 자신을 그분의 선민 안으로 분배하신다. 하나님께서 그분 자신을 그분의 선민 안으로 분배하시는 방식은, 첫째로 그분 자신을 아들 안에 체현하시는 것이다. 아들은 오실 때 아버지와 함께 그 영에 의해 오셨다. 따라서 그분은 이 땅에 계시는 동안 삼일 하나님의 체현이셨다. 둘째로, 삼일 하나님의 체현이신 아들은 그 영으로 실재화되신다. 그 영은 하나님의 체현이신 아들의 실재화이시다. 이러한 방식으로 하나님은 그분 자신을 우리 안에 분배하신다. 그 영은 과정을 거치신 삼일 하나님의 궁극적인 완결로서 우리에게 도달하신다.

요한복음에서 하나님은 태초에 계셨다. 태초에 말씀께서 계셨고, 말씀은 곧 하나님이셨다(1:1). 그 후에 이 하나님은 육체가 되셨고(1:14), 마지막 아담이신 이 사람께서 이 땅에 삼십삼 년 반 동안 사시고 십자가에서 죽으시고 장사되셨다. 그런 다음 그분은 부활하셨다. 부활 안에서 그분은 생명 주시는 영이 되셨다. 부활하신 날에 그분은 제자들 안에 그분 자신을 숨으로 불어 넣으시며 그들에게 성령을 받으라고 명령하셨는데(20:22), 이것은 바로 그분께서 그 영으로서 제자들에게 돌아오신 것이다. 요한복음의 시작에는 하나님이 계시고 끝에는 그 영이 계신다. 그 사이에는 아들께서 아버지와 함께 그 영에 의해 오셔서 죽으시고 부활하시어 그 영으로 실재화되신 것이 계시되어 있다. 아들께서 그 영으로 실재화되셨을 때, 그 영은 아버지와 함께하시는 아들로서 제자들에게 도달하셨다. 과정을 거치신 삼일 하나님의 궁극적인 완결이신 그 영은 우리의 생명과 생명 공급과 모든 것이 되시기 위해 우리에게 도달하신다.

이 영은 삼일 하나님께서 통과하신 과정들이 하나님과 사람에게 더해져 이루어진 복합체이시며, 이 과정에는 육체 되심과 인간 생활과 죽음과 부활이 포함되어 있다. 이 모든 것이 일종의 요소로서, 모든 것을 포함하신 이 영 안에 복합되었다. 이 영께서 우리 안으로 들어오실 때, 이 모든 긍정적인 항목도 우리 안으로 들어왔다. 모든 것을 포함하신 이 영께서 우리 안에 거주하실 때, 이 모든 긍정적인 항목도 우리 안에 거주한다. 우리에게 이 영이 있을 때 하나님도 있고, 높아지고 영광스럽게 된 인성도 있다. 우리에게는 합당하고 정상적인 인간 생활, 예수님의 모든 것을 포함한 죽음의 효능, 그리스도의 뛰어난 부활 능력이 있다. 모든 것을 포함하신 이러한 영을 가지고 있기 때문에, 우리는 아무것도 부족하지 않으며 필요한 모든 것을 갖고 있다.

요한복음 14장 26절은 아버지께서 아들의 이름으로 그 영을 보내셨다고 말한다. 그런 다음 15장 26절은 아들께서 아버지와 함께 그 영을 보내셨다고 말한다. 아버지께서 그 영을 보내셨고 아들 또한 그 영을 보내셨다. 이 두 절은 보내시는 두 분과 보내어지신 한 분을 보여 준다. 보내시는 두 분은 아버지와 아들이시고, 보내어지신 분은 그 영이시다. 아버지께서 아들의 이름으로 그 영을 보내신 것은 아버지께서 아들이신 그 영을 보내신 것을 뜻한다. 아버지는 아들이신 그 영을 보내셨고, 아들 또한 아버지와 함께 그 영을 보내셨다. 이것은 그 영께서 아들로서 아버지와 함께 오신다는 것을 의미한다. 그 영께서 오실 때, 아들도 오시고 아버지도 오신다. 이 셋이 모두 오신다. 그러므로 그 영은 과정을 거치신 삼일 하나님의 궁극적인 완결이시다. 요한복음의 끝에서 제자들 안에 숨으로 불어넣어지신 그 영은 삼일 하나님의 총체, 곧 과정을 거치신 삼일 하나님의 집합체이시다. 우리가 그 영을 갖는다면 삼일 하나님을 갖는 것이다.

어떤 이들은 '성령'을 단지 하나님이 무언가를 하시기 위한 능력이나 수단이나 도구라고 가르친다. 이러한 교사들이 보기에는, 성령께서 오실 때 아버지는 하늘에 머물러 계시고 아들은 하늘에서 아버지의 오른편에 앉아 계신다. 그러나 성경의 가르침은 완전히 다르다. 성경은 아들께서 오실 때 아버지와 함께 그 영에 의해 오신다고 가르친다. 아들은 그 영으로서 실재화되시고, 그 영은 아들로서 아버지와 함께 오신다. 그 영께서 아들로서 오시기 때문에, 아들께서 통과하시고 성취하시고 획득하시고 도달하신 것은 무엇이든지 그 영과 함께 여기에 있다. 우리에게 그 영이 있다면, 아들과 아들께서 거치신 모든 과정과 성취하시고 획득하시고 도달하신 모든 것이 있다. 우리에게는 아들의 인격과 일과 인성과 인간 생활과 죽음과 부활이 있다. 그 영께서 아버지와 함께 오시기 때문에, 아버지의 존재와 아버지께서 소유하신 것과 하실 수 있는 것과 지금 하고 계시는 것과 앞으로 하실 것 모두가 그 영과 함께 여기에 있게 된다.

생명 주시는 영은 우리에게 생명을 주심으로 우리를 그리스도의 형상으로 변화시키심

이 영은 모든 것을 포함하시고 복합되시고 과정을 거치신 생명 주시는 영이시다. 모든 것을 포함하신 이 영은 생명의 영이시다. 그분은 생명을 주시는(고후 3:6) 생명의 영이시므로(롬 8:2) 생명 주시는 영이시다. 그 영께서 이렇게 생명을 주실 때, 하나님은 그분 자신을 모든 믿는 이 안으로 분배하신다. 모든 것을 포함하신 이 영께서 생명을 주신다는 것이 중대하고도 필수적인 요점이다.

고린도후서 3장 6절은 그 영께서 생명을 주신다고 말하고, 17절은 주님께서 그 영이시라고 말한다. 존 넬슨 다비는 고린도후서 3장 7절부터 16절까지는 삽입부라고 지적한다. 이것은 6절에 언급된 생명을 주시는 영이 17절에 나오는 주님이심을 의미한다. 주님은 생명 주시는 영이시다. 신약 헬라어 용어의 권위자인 헨리 알포드(Henry Alford) 역시 주님께서 성령과 동일하심을 지적했다. 신약 용어 연구로 유명한 빈센트(M. R. Vincent)는 이렇게 말한다. "고린도후서 3장 16절의 주 그리스도는 새 언약을 가득 채우시고 활력 있게 하시는 그 영이시다. 우리는 새 언약의 사역자들이다(6절)." 앤드루 머리는 그의 저서 〈그리스도의 영〉에서 그 영은 영광스럽게 되신 예수님의 영, 곧 하나님-사람의 영이시라고 말한다. 그는 예수님의 인성이 영광스럽게 되신 예수님의 영 안에 있다고 말한다. 그리스도께서 그 영이시라는 것은 신약에 있는 위대한 진리이다.

신약이 삼일 하나님께서 아들 안에 체현되시어 사람이 되신 것을 계시해 주는 것과, 이 사람께서 우주 가운데 있는 모든 부정적인 것들을 일소하시기 위해 십자가로 가서 죽으신 마지막 아담이신 것을 우리는 보았다. 부활 안에서 그분은 생명 주시는 영이 되셨다. 이처럼, 아들은 그 영으로서 실재화되시고, 이 영은 과정을 거치신 삼일 하나님의 궁극적인 완결로서 모든 것을 포함하실 뿐 아니라 하나님의 온 존재와 모든 소유와 하나님께서 하고 계시고 하실 수 있으며 앞으로 하실 모든 것으로 복합되셨다. 이 영은 또한 그리스도의 인격과 일과 그분께서 거치신 과정들로 복합되어 계신다. 이러한 과정에는 그분께서 성취하시고 도달하시고 획득하신 모든 것이 포함되어 있다. 그 영을 가질 때 우리는 모든 것을 갖게 된다. 이 영께서 우리 안에 거하실 때, 아버지 하나님과 아들 하나님과 영 하나님과 높아지고 부활하고 승천하신 사람께서 우리 안에 거하신다. 그리스도의 육체 되심과 인간 생활과 모든 것을 포함한 죽음의 효능과 그분의 부활 능력이 우리 안에 있다. 하나님의 모든 속성과 그리스도의 모든 풍성이 우리 안에 있다. 생명, 빛, 사랑, 은혜, 거룩함, 의, 능력, 권능, 힘, 신성한 에너지, 그리고 사람의 모든 미덕과 하나님의 모든 속성이 우리의 영 안에 있다.

모든 것을 포함하신 이 영은 항상 우리에게 생명을 주시는 생명의 영, 곧 생명 주시는 영이시다. 첫째로, 그분은 우리의 영이 생명이 되도록 우리의 영에 생명을 주신다(롬 8:10). 그런 다음, 그분은 우리의 생각 안으로 생명을 분배하셔서, 우리 혼 전체와 함께 우리 생각이 생명이 되게 하신다(롬 8:6). 마지막으로, 그분은 우리의 죽을 몸에 생명을 주신다(롬 8:11). 생명 주시는 영은 우리의 영과 혼과 몸에 생명을 주심으로써, 우리 온 존재를 생명으로 만드시어 우리를 생명의 사람들이 되게 하신다. 생명의 영이신 그분은 우리를 생명의 사람들이 되게 하신다. 그분께서 우리에게 생명을 주시는 동안, 이 생명은 우리를 신진대사적으로 변화시킨다.

주님은 외적인 교정과 조정이 아니라 우리의 변화 즉 우리가 신진대사적으로 바뀌는 것에 관심이 있으시다. 이 생명의 영께서 우리 안에 거하시는 것은 우리에게 생명을 주시기 위한 것이다. 또한 이 생명에 의해, 우리는 영광스럽게 되신 그리스도의 형상으로 신진대사적으로 바뀌고 유기적으로 변화되어 한 단계의 영광에서 다른 단계의 영광에 이르게 된다(고후 3:18).

어떤 기독교 결혼식에서는 목사가 남자에게는 아내를 사랑하도록 권고하고 여자에게는 남편에게 복종하도록 권고한다. 남편과 아내가 이것에 동의한다 해도, 결혼식을 마치고 얼마 지나지 않아 자신들이 이것을 할 수 없음을 깨닫게 된다. 아내는 남편에게 복종할 수 없음을 깨닫고, 남편은 아내를 끝까지 사랑할 수 없음을 깨닫는다. 남편더러 아내를 사랑하라고 가르치는 것과 아내더러 남편에게 복종하라고 가르치는 것은 종교에 속한 윤리적인 가르침이다. 인간적으로 말하면, 잘못된 것이 없다. 그러나 하나님의 경륜에 따르면, 이것은 절대적으로 잘못된 것이다. 윤리적인 가르침은 사람의 문화에 따른 것이지 하나님의 경륜이나 하나님의 영을 따른 것이 아니다.

결혼식을 주례하는 사람이 남편더러 아내를 사랑하라고 권고하고 아내더러 남편에게 복종하라고 권고하는 대신 이렇게 말한다면 훌륭할 것이다. "그대들은 과정을 거치신 삼일 하나님의 궁극적인 완결이신 모든 것을 포함하신 영께서 그대들 안에 계심을 깨달아야 합니다. 남편에게 복종하겠다고 결심하지 말고 아내를 사랑하겠다고 결심하지 마십시오. 그것은 전혀 효과가 없을 것입니다. 그 대신에 매일 너울을 벗은 얼굴로 주님께 자신을 활짝 열어 드려야 합니다. 그대들과 주님 사이에 아무것도 없도록, 즉 그대들과 그 영 사이에 아무것도 없도록 주님께 마음을 돌이켜야 합니다. 매일 매 순간 그대들 안에 계신 그 영이신 주님께 자신을 활짝 열어 드리십시오. 항상 이렇게 말씀드리십시오. '주님을 찬양합니다! 아멘! 오, 주 예수님! 당신을 사랑합니다. 주 예수님!' 이런 식으로, 모든 것을 포함하신 영께 자신을 활짝 열어 드리십시오. 그분을 바라보십시오. 이렇게 한다면 생명이 그대들의 존재 안에 공급될 것입니다. 생명이 그대들의 영과 혼과 심지어 죽을 몸에까지 공급되어 그대들을 생명의 사람들로 만들 것입니다. 남편으로서 이것을 실행한다면 모든 일에서 자연스럽게 아내를 사랑하게 될 것입니다. 그것은 이 두 사람의 사랑이 아니라 두 사람 안에 계신 주 예수님일 것입니다. 주님은 그대의 아내를 사랑하십니다. 따라서 그대도 그녀를 사랑할 것인데, 그것은 그대가 주님과 하나이기 때문입니다. 아내로서 이것을 실행한다면, 자연스럽게 남편에게 복종하게 될 것입니다. 그대는 남편이 무슨 말을 하든 괴로움을 당하지 않을 것인데, 내적으로 주 예수님으로 충만되었기 때문입니다. 그럴 때 두 사람은 행복한 결혼 생활을 하게 될 것입니다. 이것을 매일 실행한다면, 생명 주시는 영께서 그대들에게 생명을 공급하실 것이고 이 생명이 그대들을 유기적이고 신진대사적으로 변화시켜 영광스러운 형상을 지니신 주님과 똑같게 만들 것입니다. 그럴 때 두 사람 모두 생명이 자랄 것입니다. 그대들은 심지어 생명이 성숙하여 흔쾌히 다른 이들과 함께 건축되고자 할 것입니다. 그러면 그대들은 좋은 결혼 생활과 좋은 가정생활뿐 아니라 좋은 교회생활을 하게 될 것입니다."

이것은 종교도 아니고 윤리도 아니며 교리에 불과한 것도 아니다. 이것이 바로 하나님의 분배이다. 이것은 모든 것을 포함하신 영께서 그분께 열려 있는 모든 이에게 생명을 주시는 것으로서 윤리보다 훨씬 더 높다. 그 영 안에는 모든 신성한 속성과 높아지고 영광스럽게 된 모든 인간 미덕이 있다. 우리는 종교와 윤리와 윤리적인 가르침들을 잊어버려야 한다. 우리는 죽이는 문자를 멀리하면서, 생명을 주시는 그 영께 주의를 기울여야 한다. 하나님의 경륜을 귀히 여기고 언제나 그분의 신성한 분배를 누려야 한다. 온종일 주님을 찬양하고 그분의 이름을 불러야 한다. 그분의 말씀을 기도로 읽고, 그분과 교통하며, 그분으로 충만되고 그분의 생명으로 적셔져야 한다. 그럴 때 우리는 변화되고 생명이 자라서 그분과 같은 형상이 될 것이다.

일곱 배로 강화되신 영

요한계시록에서 우리는 일곱 영을 본다(1:4, 4:5, 5:6). 오직 한 영이 계시지만(엡 4:4) 요한계시록에서는 하나님의 한 영이 일곱 영이 되셨다. 본질적으로 영 하나님은 한 분이시지만 기능 면에서는 일곱이시다. 일곱은 하나님의 운행이 완전하다는 것을 가리키는 수이므로, 일곱 영은 땅에서의 하나님의 움직임을 위한 분이심이 분명하다. 하나님의 영은 본질과 존재에서 하나이시지만 운행하실 때에는 강화된 기능과 일에서 일곱 배가 되신다. 이것은 스가랴서 4장 2절에 있는 등잔대와 비슷하다. 그 등잔대는 존재 면에서는 하나이지만 기능 면에서는 일곱 등불이다. 요한계시록이 기록될 당시에 교회는 이미 타락했고 시대는 어두웠다. 그러므로 이 땅 위에서 하나님께서 움직이시고 일하시기 위해서는 일곱 배로 강화되신 하나님의 영이 필요했다.

본질 면에서 그 영은 한 분이시지만, 기능 면에서 특히 어두운 시대의 마지막 때에 하나님의 영은 일곱 배가 되신다. 삼파장 전구가 세 배로 빛을 비추는 것과 마찬가지로 하나님의 영은 일곱 배로 빛을 비추신다. 오늘날 회복 안에서 우리는 일곱 배로 강화되신 영이 필요하다. 오늘날의 시대는 어둠으로 가득하다. 승리하는 삶을 살기 위해서는 일곱 배로 강화되신 영이 필요하다. 우리 안에 거주하시는 모든 것을 포함하신 영께서 이제 일곱 배가 되신 것에 대해 주님을 찬양해야 한다. 주님의 회복 안에 있는 우리 가운데 누구도 약해져서는 안 된다. 주님의 회복 안에 있는 우리 모두는 강해야 하는데, 그것은 우리에게 일곱 배로 강화되신 영이 계시기 때문이다. 오늘날 주님의 회복 안에 계시며 모든 것을 포함하시고 복합되시고 과정을 거치신 생명 주시는 영은 일곱 배로 강화되셨다. 그분은 일곱 배로 일하시고 일곱 배로 기능을 발휘하신다. 현시대는 어둡지만, 우리는 일곱 배로 강화된 빛남을 갖고 있다. 현 사회는 부패했지만, 우리는 일곱 배로 강화되신 영을 갖고 있다. 일곱 배로 강화되신 영은 지금 우리를 강화하시고 적시시고 밝혀 주시고 비추시며 우리 안에서부터 빛나고 계신다.

요한계시록은 성경의 마지막 책이자 궁극적으로 완결하는 책이다. 구약에는 하나님의 창조를 위한 하나님의 영과, 하나님께서 사람과 접촉하시기 위한 여호와의 영이 계신다. 그러나 사복음서와 사도행전과 서신서들을 거쳐 요한계시록에 이를 때, 이제 그 영은 일곱 배로 강화되신 영이 되신다. 일곱 배로 강화되신 영은 하나님의 영과, 여호와의 영과, 성령과, 모든 것을 포함하시고 복합되시고 과정을 거치신 생명 주시는 영의 완결이시다. 모든 것을 포함하신 영께서 일곱 배가 되시어 지금 우리 안에 존재하신다.

전통적인 신학은 삼일 하나님께서 한 실체를 가진 세 위격이시며, 이 세 위격은 혼동되어서는 안 되고 이 한 실체는 나누어져서는 안 된다고 가르친다. 요한복음 20장 22절에서 주 예수님은 그분을 믿는 이들 안으로 숨을 불어 넣으시며 그들에게 성령을 받으라고 말씀하셨다. 이것은 성령께서 주 예수님의 숨이심을 분명하게 가리킨다. 또한 이것은 삼일성의 셋째께서 둘째의 숨이심을 의미한다. 이제 우리는 그 영께서 삼일성의 셋째 위격이신지, 둘째 위격의 숨이신지를 물을 필요가 있다. 더욱이 요한

계시록에 이를 때, 한 영은 일곱이 되셨다. 요한계시록 5장 6절은 일곱 영께서 어린양의 일곱 눈이심을 말하며, 이것은 그 영께서 주 예수님의 눈이심을 의미한다. 이제 전통적인 삼일성의 셋째 위격은 둘째 위격의 눈이시다. 그 영은 하나의 위격이신가, 둘째 위격의 눈과 숨이신가? 그 영께서 둘째 위격의 숨과 눈이시라면, 셋째 위격은 어디에 계시는가? 이로써 우리는 전통적인 가르침이 그다지 정확하지 않기 때문에 믿을 만하지 못함을 볼 수 있다.

신격 안에는 신성한 삼일성, 곧 아버지와 아들과 영이 계신다. 그 셋 사이에는 구별이 있지만 그분들은 절대로 분리되실 수 없다. 그분들이 분리되실 수 있다고 한다면 그것은 신약의 계시에 어긋날 것이다. 그분들은 셋이시지만 하나이시다. 그분들은 하나이시지만 여전히 구별되신다. 이러한 분이 삼일 하나님, 곧 셋-하나이신 하나님이시다. 아버지와 아들과 영은 셋이시지만 여전히 하나이시다. 그분들은 하나이시지만 여전히 셋으로 구별되신다. 그분들께서 어느 정도로 구별되시는지 누구도 말할 수 없다. 마찬가지로, 그분들의 하나(oneness)가 어떤 지점에서 시작되는지 누구도 말할 수 없다. 그 영은 아들로서 아버지와 함께 오신다. 그러므로 하나가 오실 때 셋 모두가 여기에 계신다. 그 셋은 동시에 공존하실 뿐 아니라 상호 내재하신다. 신격 안의 셋께서 상호 내재하신다는 것은, 그분들이 서로 상호적으로 내주하신다는 것을 의미한다. 주 예수님은 그분께서 아버지 안에 계시고 아버지께서 그분 안에 계신다고 말씀하실 때 이 상호 내재의 문제를 계시하셨다(요 14:10-11). 아버지와 아들은 상호 내재하시고 그와 동시에 그 영 안에 상호 내재하신다. 우리는 이 문제를 이해할 수 없지만 성경이 말하는 것이라면 무엇이든 받아들여야 한다.

하나님의 경륜 안에서 삼일 하나님은 그분 자신을 아들 안에 체현하셨고, 아들은 그 영으로서 실재화되셨으며, 그 영은 모든 신성한 속성과 인간 미덕이 복합되신 과정을 거치신 삼일 하나님의 궁극적인 완결이시다. 이 복합되신 영은 우리 영 안에 내주하시고 이제 일곱 배로 강화되셨다. 우리는 종교를 실행하거나 윤리를 지키거나 어떤 규정 또는 교리를 따르려고 노력할 필요가 없다. 다만 우리는 이처럼 놀라우신 영께 자신을 계속 열어 드려야 한다. 그리하여 그분께서 어떤 장애물도 없이 우리 존재 안에 생명을 주셔서 신성한 생명으로 우리 영과 혼과 몸을 적시시고 우리를 신진대사적으로 변화시키심으로 영광 안에 계신 그분과 똑같게 만드시도록 허락해 드려야 한다.

11

믿는 이들이 그 영을 따라 행하고 그 영의 넘치는 공급을 누리는 것에서 볼 수 있는 신성한 경륜

The Divine Economy
in the Believers' Walk according to the Spirit
and Enjoying the Bountiful Supply
of the Spirit

제11장

믿는 이들이 그 영을 따라 행하고 그 영의 넘치는 공급을 누리는 것에서 볼 수 있는 신성한 경륜

성경: 갈 6:18, 딤후 4:22, 엡 3:16-17상, 딤후 1:7, 롬 8:4, 13, 갈 5:16, 24, 3:2, 5상, 14, 빌 1:19, 계 22:17, 21 6

신약의 모든 것을 포함한 복

지난 장에서 우리는 그 영께서 모든 것을 포함하시고, 복합되시고, 과정을 거치시고, 생명을 주시고, 일곱 배로 강화되신 영이심을 보았다. 어떤 사람들은 하나님의 영 곧 성령이 하나님께서 무언가를 하시기 위한 능력이나 수단이나 도구라고만 가르친다. 이것은 신약의 계시와 거리가 멀다. 모든 것을 포함하신 이 영은 아버지의 온 존재와 아버지께서 소유하신 모든 것과 아버지께서 하실 수 있고 현재 하고 계시며 앞으로 하실 모든 것, 또한 아들의 인격과 일과 아들께서 성취하시고 도달하시고 획득하신 것들과 아들께서 거치신 모든 과정이 더해진 복합체이시다. 그 영은 모든 신성한 것의 복합체이시다. 이분은 능력이나 수단이나 도구보다 훨씬 더 뛰어나시다. 모든 것을 포함하시고 복합되신 이 영이 바로 신약의 복이시며 하나님께서 아브라함에게 약속하신 복음의 복이시다(갈 3:14).

하나님은 땅의 모든 민족이 아브라함의 한 씨로 말미암아 복을 받게 될 것이라고 약속하셨다(창 22:18). 아브라함의 그 한 씨는 하나님의 아들이신 그리스도이고(갈 3:16) 아브라함에게 약속된 복은 모든 것을 포함하시고 복합되신 이 영이다.

하나님께서 아브라함에게 약속하신 복의 물질적인 방면은 좋은 땅이었으며(창 12:7, 13:15, 17:8, 26:3-4), 그 땅은 모든 것을 포함하신 그리스도의 예표였다(골 1:12). 결국 그리스도는 모든 것을 포함하신 생명 주시는 영으로서 실재화되셨으므로(고전 15:45, 고후 3:17), 하나님께서 약속하신 그 영의 복은 아브라함에게 약속하신 땅의 복과 일치한다. 우리의 체험 안에서 그리스도의 실재화이신 그 영은 사실상 우리의 누림을 위한 하나님의 풍성한 공급의 근원인 좋은 땅이시다. 하나님께서 아브라함에게 약속하신 복음의 복, 곧 신약의 복은 이 복합되신 영이다. 이 영은 아버지 하나님과 아들 하나님의 총체로서, 그 안에 육체 되심과 인간 생활과 십자가에 못 박히심과 부활의 과정들이 포함되어 있다. 우리는 모두 이 복을 받았으며, 모든 것을 포함한 이 복이 우리 안에 즉 우리 영 안에 있다(롬 8:16, 딤후 4:22). 하나님의 경륜은 삼일 하나님, 곧 아버지와 아들과 영이신 그분 자신을 그분의 모든 속성과 미덕과 함께 우리 영 안에 분배하시기 위한 그분의 계획이다. 이 총체적이고도 집합적인 영께 자신을 활짝 열 때, 우리는 신약의 모든 것을 포함한 복을 누린다.

선풍기를 손으로 돌리는 것, 즉 선풍기에게 움직이라고 '가르치는' 것은 남편이 아내를 사랑하고, 자녀가 부모를 공경하며, 아내가 남편에게 복종하고, 우리가 이웃을 사랑하고 겸손해야 한다고 가르치는 윤리적인 가르침들과 비슷하다. 선풍기가 해야 하는 것은 단지 전기를 '누리는' 것이며 그럴 때 자연스럽게 돌아가게 된다. 이와 마찬가지로, 우리가 해야 할 것은 '신성한 전기'이신 모든 것을 포함하신 영을 누리는 것이다. 모든 것을 포함하신 영의 넘치는 공급을 누릴 때, 이 공급으로 말미암아 우리는 그리스도를 살도록 강화되고 능력을 얻고 떠받쳐진다. 이 영을 누릴 때, 우리는 자연스럽게 모든 윤리적인 관계에 필요한 생활을 하게 된다. 그리스도께서 안으로는 우리의 생명이 되시고 밖으로는 우리의 생활이 되신다. 이것은 종교가 아니라 하나님의 경이롭고 영원한 경륜이다.

우리의 영 안에 계시는 그 영의 넘치는 공급을 누림

모든 것을 포함하시고 복합되시고 과정을 거치시고 일곱 배로 강화되신 생명 주시는 영께서 우리 안에 거하시므로, 이제 우리에게는 강한 영 곧 능력의 영이 있다(딤후 1:7). 모든 것을 포함하신 영께서 우리 영 안에 계시므로 우리의 영은 강한 영이다. 디모데후서 4장 22절은 "주님께서 그대의 영과 함께 계시기를 바랍니다."라고 말하고, 갈라디아서 6장 18절은 "우리 주 예수 그리스도의 은혜가 여러분의 영과 함께하기를 바랍니다, 형제님들. 아멘."이라고 말한다. 주님께서 우리의 영과 함께 계시고 주 예수 그리스도의 은혜가 우리의 영과 함께한다. 무엇이 주님과 주님의 은혜보다 더 클 수 있겠는가? 주님과 그분의 은혜가 모두 우리의 생각이 아닌 우리의 영 안에 있다.

어떤 성경 교사들은 혼과 영이 동의어라고 주장한다. 성경적인 가르침은 사람이 세 부분, 곧 영과 혼과 몸으로 이루어져 있다는 것이다(살전 5:23). 그러나 어떤 교사들은 사람이 단지 두 부분, 곧 혼과 몸으로 이루어져 있다고 말한다. 1954년에 어떤 선교사가 홍콩으로 와서 내가 교통하는 특별 집회에 참석했다. 그는 특별 집회를 감상하기는 했지만 사람에게 세 부분이 있다는 것은 동의할 수 없다고 내게 말했다. 그는 사람의 영과 혼이 같은 것을 가리킨다고 믿고 있었다. 내가 데살로니가전서 5장 23절에 있는 분명한 말씀인 '영과 혼과 몸'을 지적해 주자 그는 더 이상 논쟁하지는 않았지만 여전히 영과 혼이 같다고 믿었다. 교리로 가득한 강한 생각을 가지고 영 안에서 주님을 누리지 않는다면, 우리는 결국 분열로 끝날 것이다. 우리는 우리의 영 안에 계신(롬 8:16) 그 영의 하나(엡 4:3)를 지키라는 바울의 명령을 지키는 대신, 자신이 가지고 있는 교리들을 두고 논쟁하며 심지어 싸우기까지 할 것이다.

주님에 대해 생각하는 것만으로는 주님을 누릴 수 없다. 앞에 있는 식탁에 만찬이 차려져 있지만, 우리는 그저 생각을 사용해 각종 요리를 배우려고 여기에 올 수도 있다. 두 시간 동안 살펴보아도 우리는 여전히 배가 고프다. 계속 연구만 하고 먹지 않는다면 우리는 풍성한 잔치를 앞에 두고 죽게 될 것이다. 많은 그리스도인이 성경 앞에서 '죽는다'. 성경은 우리의 생각만을 위해 있는 것이 아니다. 성경은 우리의 영을 위한 음식이다. 예수님은 그저 우리가 연구하거나 조사하기 위한 분이 아니라 우리가 먹기 위한 분 즉 누리기 위한 분이시다(요 6:57). 우리 중 누구도 자신이 먹는 음식을 철저하고 완전하게는 이해하지 못한다. 우리는 바나나 속에 무엇이 들어 있는지 이해하지 못할지라도 매일 아침 바나나를 누릴 수 있다. 아침 식사는 우리를 온종일 힘 있게 한다. 아침에 무엇을 먹었는지 잊었을지라도 우리는 여전히 그 유익을 누린다. 주님은 우리가 문자에 따라 연구하기 위한 분이 아니시다. 주님은 우리가 누리기 위한 분이시다.

아들은 아버지와 함께 그 영에 의해 삼일 하나님의 체현으로서 오셨다. 그분은 육체 되심을 통과하셨고, 삼십삼 년 반 동안 이 땅에서 사셨으며, 십자가로 가셔서 우주 가운데 있는 모든 부정적인 것들을 제거하셨고, 신성한 생명을 흐르는 물로서 해방하시어 우리가 그분을 마실 수 있도록 하셨다. 그런 다음 그분은 부활하셨고 부활 안에서 생명 주시는 영이 되셨다. 이제 생명 주시는 영은 아들로서 아버지와 함께 오셨다. 삼일 하나님 곧 아버지와 아들과 영은 모든 것을 포함하신 영으로서 실재화되셨다. 따라서 이 모든 것을 포함하신 영은 과정을 거치신 삼일 하나님의 궁극적인 완결로서, 그분의 모든 속성과 미덕과 그분께서 거치신 모든 과정을 포함하고 계신다. 이 영은 삼일 하나님과 그분께서 성취하신 모든 것의 총체이자 총합이자 완결로서, 우리가 누릴 수 있도록 우리의 몫이 되신다.

이 영은 우리 영 안에 계시며 은혜로 충만하시다. 그러므로 주님과 그분의 은혜는 우리 영 안에 있다. 매일 우리는 우리의 영으로 돌이켜야 한다. 여러분의 생각으로 돌이키지 말라. 여러분의 영에서 등떨어진 채 생각을 사용하지 말라. 옛 뱀, 곧 사탄 마귀는 질문 하나를 가지고 하와에게 왔다. "하나님께서 정말로 …라고 하셨어요?"(창 3:1) 이런 질문은 확실히 하와의 생각을 휘저어 놓았다. 사탄은 물음표의 모양으로 우리에게 다가온다. 마귀 즉 사탄은 항상 와서 우리의 생각을 부추기지만 우리는 언제나 영으로 돌이켜야 한다. 주님은 우리의 생각 안에 계시지 않고 우리의 영 안에 계신다. 이것이 우리가 온종일 그분을 불러야 하는 이유이다.

우리는 "오, 주 예수님!"이라고 부르는 이들이 되어야 한다. 예수는 그분의 이름이지만 그 영은 그분의 인격이시다. 내가 "주 예수님."이라고 부를 때 그 영께서 오신다. 아내가 여러분을 괴롭힌다면 종교는 여러분에게 인내하라고 가르칠 것이다. 그러나 종교적인 가르침을 지키는 것은 효과가 없다. 효과가 있는 것은 "오, 주 예수님!" 하고 주님의 이름을 부르는 것이다. 남편은 아내가 자신을 괴롭힐 때 참으려고 노력해서는 안 된다. 아내는 남편이 화를 낼 때까지 멈추지 않고 남편을 괴롭힐지도 모른다. 이기는 길은 오직 하나, "오, 주 예수님." 하고 부르는 것이다. 주님의 이름을 부르는 것은 윤리적인 가르침들을 잊어버리고 우리의 생각과 감정과 의지도 잊어버리고 영으로 돌이키는 것이다. "오, 주 예수님."이라고 말할 때마다 우리는 그 영을 접촉하게 된다(고전 12:3). 그 영을 접촉할 때, 모든 것을 포함하신 영을 접촉하고 풍성한 은혜를 접촉하며 주님을 누리게 된다. 이것이 너울을 벗은 얼굴로 주님께 직접 자신을 열어 드린다는 의미이다. 그분을 바라보고 반사할 때, 우리는 신진대사적으로 변화되어 영광스러운 형상을 지니신 그분과 점점 더 같아질 것이다.

영을 따라 행함

바울은 로마서 8장 4절에서 우리가 영을 따라 행해야 한다고 말한다. 우리의 생각이나 감정이나 의지를 따라 행하지 말라. 주님과 그분의 은혜가 우리 영 안에 있으므로 단순히 영을 따라 행하라. 우리가 그분을 부르며 그분께 자신을 활짝 열고서 그분의 풍성을 누리고 영을 따라 행한다면, 주님은 우리 안에서 더 많은 입지를 얻으실 것이다. 그럴 때 주님은 우리의 속사람과 모든 내적 부분을 그분의 거처로 만드실 것이다. 그분은 우리의 마음에 거처를 정하셔서 우리 온 존재를 점유하심으로써(엡 3:16-17상) 우리의 완전한 누림이 되실 것이다. 우리 스스로는 정욕 곧 죄들을 이길 수 없다. 내주하시는 영, 즉 그리스도 자신이신 모든 것을 포함하신 영께서 우리를 점유하시고 우리의 마음에 거처를 정하셔서 그분 자신으로 우리를 채우실 때, 우리는 육체를 십자가에 못 박고(갈 5:24) 정욕으로 가득한 몸의 행실을 죽일 것이다(롬 8:13). 우리 스스로는 육체를 다룰 힘이나 능력이 없다. 그러나 그리스도께서 우리를 점유하심으로 우리 온 존재 안에 그분의 거처를 정하시고 그분 자신으로 우리를 가득 채우실 때, 우리는 정욕으로 가득한 몸인 육체를 십자가에 못 박고 우리의 몸을 죽음에 넘길 수 있는 에너지와 힘이 충만하게 되어 정욕에 속한 온갖 것들과 죄들을 이길 것이다. 사실상 이것은 우리가 아니라 우리 안에 사시는 그리스도께서 하시는 것이다.

우리가 그리스도를 살 때, 우리 영 안에 내주하시는 모든 것을 포함하신 영께서 항상 우리 안으로 생명을 분배해 주실 것이다. 선풍기의 스위치를 켜면 전기가 날개에 분배된다. 날개가 돌아가고 움직인다면 그 안으로 전기가 분배되고 있는 것이다. 하나님의 경륜은 그분 자신을 우리 존재 안으로 분배하시기 위한 그분의 계획이다. 그분은 매일 매 순간 이렇게 하기를 원하신다. 우리가 내주하시고 모든 것을 포함하신 영을 따라 행함으로 그리스도를 살 때, 이 영은 우리 존재에 생명을 주시고 모든 것을 포함한 생명 공급이신 삼일 하나님을 우리 안으로 분배하셔서 우리가 예수 그리스도의 영의 넘치는 공급을 누리도록 하신다. 이 누림은 우리가 그 영을 마시는 것이다(고전 12:13). 전기가 선풍기 안으로 분배되는 동안 그리고 날개가 움직이고 돌아가는 동안, 날개는 전기를 '다시고' 있는 것이다. 날개는 전기를 '마시고' '누릴' 때 자연스럽게 돌아간다. 그 영의 '신성한 전기'를 누릴 때 우리는 자연스럽게 영을 따라 행한다. 이것은 종교가 아니라 바로 하나님의 경륜이다. 하나님의 경륜은 모든 것을 포함하신 영 안에 체현되신 삼일 하나님을 누리는 것이다. 이것은 윤리적인 가르침에 초점을 맞춘 오늘날의 종교 체계와 전적으로 다르다.

생명의 원천과 생명의 샘과 생명수이신 살아 계신 삼일 하나님

살아 계신 삼일 하나님은 모든 과정을 거치신 후에 모든 것을 포함하신 한 영으로 복합되셨다. 그분은 모든 것을 포함하시고 복합되시고 과정을 거치셨을 뿐 아니라 일곱 배로 강화되셨다. 사복음서에는 아버지와 함께 그 영에 의해 계시는 아들께서 계시되신다. 사도행전에서 유다서까지 스물두 권의 책에서 우리는 아들로서 아버지와 함께하시는 그 영, 곧 모든 것을 포함하시고 복합되시고 과정을 거치신 생명 주시는 영을 본다. 성경의 마지막 책인 요한계시록에서 모든 것을 포함하신 영은 일곱 배로 강화되신다.

요한계시록 22장 17절은 "그 영과 신부께서 말씀하십니다. '오십시오!' 이 말씀을 듣는 사람도 '오십시오!'라고 말하십시오. 목마른 사람은 오십시오. 원하는 사람은 다 생명수를 거저 받아 마시십시오.'"라고 말한다. 생명수는 일곱 배로 강화되시고, 모든 것을 포함하시고, 복합되시고, 과정을 거치신 생명 주시는 영이다. 요한계시록 21장 6절은 우리 삼일 하나님께서 영원토록 우리에게 생명수의 샘을 주시어 마시게 하시리라는 것을 가리킨다. 그 영은 생명수이시고 생명수의 샘은 아들이다. 아버지와 함께 그 영에 의해 계시는 아들께서 샘이시다. 아버지는 생명의 원천이시다(시 36:9). 그러므로 아버지는 원천이시고 아들은 샘이시며 그 영은 생명수의 강이시다. 물을 마실 때 우리는 샘과 원천도 마신다. 생명수가 원천과 함께하는 샘으로서 흐르듯이, 그 영께서 아들로서 아버지와 함께 보내어지신 것을 잊지 말라. 물이 올 때 샘과 원천도 함께 온다. 이런 분이 곧 우리의 누림을 위한 삼일 하나님이시다. 원천(아버지)과 함께하는 샘(아들)인 생명수(그 영)로 인해 주님을 찬양한다.

우리는 원천과 함께하는 샘인 생명수를 마시면서 삼일 하나님을 누리고 있다. 생명의 원천과 생명의 샘과 생명수는 아버지와 아들과 영이다. 모든 것을 포함하신 영으로 완결되신 삼일 하나님은 우리 안에서 원천과 함께하는 샘으로서 흐르고 계신다. 우리는 생명수를 마시고 있다. 삼일 하나님, 곧 생명의 근원이신 아버지와 생명의 공급과 통로이신 아들과 생명의 흐름이신 그 영께서 우리의 생명과 누림이시다. 그분은 우리의 봉사와 경배와 복음 전파와 가정생활과 결혼 생활과 일상생활과 교회생활의 실질이시다. 그리스도인의 생활과 교회생활은 생명의 원천과 생명의 샘과 생명수, 곧 놀라우시고 모든 것을 포함하시고 영광스러우신 삼일 하나님을 마시는 생활이다.

12

그리스도께서 모든 믿는 이를 그 영 안에서 한 몸 안으로 침례 주시는 것에서 볼 수 있는 신성한 경륜

The Divine Economy
in Christ Baptizing All the Believers
in the Spirit into One Body

제12장

그리스도께서 모든 믿는 이를 그 영 안에서 한 몸 안으로 침례 주시는 것에서 볼 수 있는 신성한 경륜

성경: 눅 24:49, 행 1:5, 8, 2:1-4, 11:15-16, 고전 12:13, 7-10, 28-31, 14:4-6, 19-25, 3:16, 6:19, 17, 고후 1:21-22, 3:3, 6, 17-18, 계 1:4

신약에는 그 영의 두 방면, 곧 생명의 영과 능력의 영이 계시되어 있다. 생명의 영은 우리 안에 계신 반면, 능력의 영은 우리 밖에 계신다. 생명의 영은 본질적인 것이고 능력의 영은 경륜적인 것이다. 경륜적인 것은 그것이 무엇이든 본질적인 것만큼 중요하지 않다. 생명의 영은 신성한 본질로서 우리에게 오시고 도달하시고 우리 안으로 들어오시어 우리를 신성한 어떤 것이 되도록 조성하신다. 그러나 능력의 영은 신성한 본질이 아닌 경륜과 관계된다. 신약을 읽는 많은 독자들과 교사들이 본질적인 영이신 생명의 영과 경륜적인 영이신 능력의 영에 대해 분명하지 않았다.

두 노선과 두 약속

그 영과 관련하여 신약에는 생명의 노선과 능력의 노선이 있다. 요한복음에는 생명의 영이 있으며(6:63, 20:22), 바울의 서신서들에도 '생명의 영'에 대한 많은 언급이 있다. 바울은 로마서 8장 2절에서 '생명의 영'이라는 용어를 사용하고 고린도후서 3장 6절에서 "그 영은 생명을 주시기 때문입니다."라고 말한다. 그러나 누가의 글에는 또 다른 노선이 있다. 누가복음 24장 49절은 "보십시오, 내 아버지께서 약속하신 것을 내가 여러분에게 보낼 것이니, 여러분은 높은 데서 오는 능력을 입을 때까지 이 성에 머물러 있도록 하십시오."라고 말한다. 여기서 능력은 그 영의 능력을 가리킨다. 이것은 우리 안에 있는 것이 아니라 밖에 있는 어떤 것이다. 누가는 능력의 영이 한 벌의 옷과 같다고 예시하기까지 한다. 옷은 어떤 목적을 위해 입는 것이다. 경찰관의 옷은 제복이다. 그는 근무하는 동안 반드시 제복을 입어야 한다. 제복이 없다면 경찰관에게는 권위가 없다. 마찬가지로 의사들도 흰 가운을 입는다. 능력의 영은 우리가 기능을 발휘할 수 있도록 우리를 덮는 제복과 같다. 사도행전은 누가의 글의 연속이다. 사도행전 1장 5절에서 주 예수님은 "여러분은 … 성령 안에 침례 받을 것이기 때문입니다."라고 말씀하셨다. 이것은 높은 데서 오는 능력을 받기 위한 것이었다(8절).

생명의 노선은 내적인 것이며 능력의 노선은 외적인 것이다. 요한복음 14장 16절과 17절에서 주 예수님은 그분의 제자들에게 이렇게 말씀하셨다. "내가 아버지께 구하겠습니다. 그러면 아버지께서 또 다른 보혜사를 여러분에게 보내 주실 것이고, 그분은 영원히 여러분과 함께 계실 것입니다. 그분은 실재의 영이십니다." 이것은 주 예수님께서 그 영의 오심에 관하여 하신 약속이다. 이 약속은 능력의 영이 아니라 생명의 영에 관한 것으로서 요한복음 20장의 부활의 날에 이루어졌다. 부활의 날로부터 오십일째인 오순절 날에, 또 다른 약속인 요엘서 2장 28절부터 32절까지에 있는 약속이 이루어졌다(행 2:16-21). 이것은 주 예수님께서 누가복음 24장

49절에서 언급하신 것이었다. 사도행전 2장에서 오순절 날에 이루어진 것은 구약에 있는 하나님 아버지의 약속에 대한 성취였다. 요엘서 2장에서 하나님 아버지께서 하신 약속은 사람들이 신언하고 이상을 보며 꿈을 꾸게 하는 능력이신 그 영에 대한 것이었다. 이것은 생명과 관계가 없다.

그 영에 대한 계시의 중심 노선

능력의 영이 아닌 생명의 영이 그 영에 대한 계시의 중심 노선이다. 어떤 사람의 생명은 분명 그의 옷보다 중심적이고 중요하다. 옷은 입고 벗을 수 있지만 우리의 생명은 입은 후에는 벗을 수 없다. 이와 마찬가지로, 생명의 영은 본질적인 것이지만 능력의 영은 본질적인 것이 아니다. 우리는 능력의 영이 있는지와 상관없이 생명의 영이 있기 때문에 여전히 살아 있다. 생명의 영은 나의 조성과 존재에 필수적이므로 본질적으로 중요하다. 그러나 능력의 영은 경륜적인 것일 뿐 그리 본질적인 것이 아니다. 요한복음 14장에 있는 생명의 영에 관한 주님의 약속은 우리를 살리기 위한 것 즉 거듭나게 하기 위한 것이었다. 우리는 이 영으로 말미암아 하나님의 자녀로 거듭났고 이 생명의 영으로 말미암아 하나님의 아들들이 된다. 이 영이 우리의 본질이다. 그것은 우리의 영적 존재에 필수적이고 우리의 영적 조성에 매우 중요하다. 생명의 영이 없다면, 우리는 하나님의 자녀가 될 수 없으며 결코 거듭날 수 없고 영적으로 조성될 수도 없다.

본질적으로뿐 아니라 경륜적으로 성령을 받음

하나님의 경륜에 따르면 여전히 성령 안의 침례가 필요했다. 침례는 거듭남이 아니다. 우리는 오늘날 어떤 믿는 이들처럼 침례와 거듭남을 혼동해서는 안 된다. 부활의 날에 주 예수님은 생명 주시는 영이 되셨다(고전 15:45하). 주님은 저녁에 제자들에게 오셔서 그들 안으로 숨을 불어 넣으시며 "성령을 받으십시오."(요 20:22)라고 말씀하셨다. 그때 제자들은 성령을 받았다. 그러나 오십 일 후인 오순절 날에 여전히 그 영께서 그들 위에 내려오셨다.

주 예수님은 성령으로 잉태되시고 태어나셨다(마 1:18). 그분은 성령으로 태어나셨으므로 본질적으로 성령을 소유하고 계셨음에 틀림없다. 그러나 그분께서 침례 받으신 후에 성령이 경륜적으로 그분 위에 내려오셨다(마 3:16). 이것은 제자들에게도 동일했다. 부활의 날에 성령께서 제자들 안으로 들어가시고 그들은 본질적으로 성령을 받았는데, 이는 그들의 영적인 실존과 존재를 위한 것이었다. 그러나 오십 일 후에 성령께서 경륜적으로 그들 위에 내려오셨는데, 이는 주 예수님께서 침례 받으신 후에 성령께서 그분 위에 내려오신 것과 똑같았다.

어떤 그리스도인들은 "성령을 받았습니까?"라고 다른 이들에게 묻곤 한다. 나는 이 질문에 대한 대답으로 두 가지를 더 묻고 싶다. 먼저는 "주 예수님께서 침례를 받으시기 전에 성령을 받으셨습니까?"라고 묻고 싶고, 그다음으로 "오순절 날 이전에 모든 제자가 성령을 받았습니까?"라고 묻고 싶다. 어떤 이들은 제자들이 오순절 날 이전에는 성령을 받지 않았고 사도행전 2장에서 오순절 날에 성령께서 그들 위에 내려오셨다고 대답할 것이다. 그러나 요한복음 20장에서 주 예수님은 부활하신 날 제자들에게 오셔서 그들 안으로 숨을 불어 넣으시며 "성령을 받으십시오."라고 말씀하셨다.

어떤 이들은 이것이 아무 일도 발생하지 않은 시범이었을 뿐이며 그로부터 오십 일 후에 그 영께서 오신 때인 오순절 날에 이 시범이 성취되었다고 말한다. 이 점에서 우리는 베드로의 경우를 생각해 보아야 한다. 사복음서에서 그는 많은 실수를 했지만 사도행전 1장에서는 아주 영적인 사람이 되었다. 그는 성경을 해석하는 법을 알았고 백이십 명과 함께 앞장서서 십 일 동안 한마음 한뜻으로 기도하였다(13-22절). 제자들은 이렇게 기도하기 몇 주 전만 해도 서로 다투었지만(마 20:20-24) 이제는 유대인들의 위협을 받는 상황에서도 한마음 한뜻으로 함께 기도할 수 있었다. 그들은 유대인들의 위협에 주의를 기울이지 않았다. 그들은 예루살렘에 머물라는 주님의 말씀을 지켰고 한 번의 기도 집회가 아니라 십 일 동안 한마음 한뜻으로 함께 기도했다. 제자들 안에 그 영께서 계시지 않았다면 어떻게 이렇게 할 수 있었겠는가? 이것은 불가능했을 것이다. 이것은 오순절 날 이전인 사도행전 1장에서 제자들이 이미 그들 안에 그 영을 갖고 있었음을 나타내는 확실한 표시였다. 그것은 본질적인 영 곧 생명의 영이었다. 사도행전 1장에서 베드로와 백이십 명의 모든 제자는 참으로 영적이었다. 그들은 그 영 안에 함께 있었으며 내적으로 그 영으로 충만했다. 그러므로 그들은 하나가 될 수 있었고 십 일 동안 한마음 한뜻으로 함께 기도할 수 있었다. 이것은 놀라운 일이었다. 제자들은 그들 스스로가 아니라 생명의 영으로 말미암아 이렇게 했다. 생명의 영께서 언제 그들 안으로 들어가셨는가? 바로 요한복음 20장 22절의 부활의 날에 들어가셨다.

제자들은 안에 생명은 있었지만 아직 능력이 없었다. 그들은 생수는 마셨지만 합당한 제복이 없었다. 물을 마시는 것은 본질적인 것이고 제복을 입는 것은 경륜적인 것이다. 여러분은 편한 복장으로 부엌에서 물을 마실 수 있지만, 나를 만나러 올 때는 합당한 옷을 입어야 한다. 물을 마시는 것은 본질적인 것으로서 우리가 생존하기 위한 것이지만, 합당한 옷을 입는 것은 경륜적인 것으로서 누군가를 만나기 위한 것이다. 주님께서 부활하신 날 제자들은 '물'을 마시기 시작했지만 아직은 높은 데서 오는 능력으로 옷 입지 않았다. 그들은 모두 성령을 받았고 거듭났으며 하나님의 자녀들이 되었다. 그러나 그들이 한 몸이 된 것은 아니었다. 그들은 여전히 개별적인 하나님의 자녀였다. 이제 하나님은 그분의 경륜에 따라 그분의 모든 아들들을 함께 모아 하나님의 성령 안에서 한 몸 안으로 침례 주셔야 했다. 이것이 바로 성령 안의 침례이다.

성령 안의 침례

우리 안으로 생명의 영을 받아들이는 것이 곧 생명의 영으로 거듭나는 것이다. 그것은 성령 안의 침례가 아니다. 거듭남은 생명의 영께서 우리를 거듭나게 하셔서 하나님의 자녀들과 아들들이 되게 하시는 것이다. 그러나 침례는 머리이신 주님께서 모든 믿는 이를 이 한 영 안으로 넣으셔서 한 몸이 되게 하시는 것이다. 그러므로 고린도전서 12장 13절은 "우리가 유대인이나 헬라인이나 노예나 자유인이나 모두 한 영 안에서 한 몸 안으로 침례 받았고, 또 모두 한 영을 마시게 되었습니다."라고 말한다. 과거와 현재와 미래의 이방인 믿는 이들뿐 아니라 유대인 믿는 이들도 모두 한 번 만에 영원히 한 몸 안으로 침례를 받았다.

이 절에서 바울은 이 침례가 이미 발생했음을 말해 준다. 이 침례가 언제 발생했는지를 알려면 성경을 주의 깊게 연구해야 한다. 오직 두 가지 일만이 성령 안의 침례로 여겨지는데, 바로 사도행전 2장에서 오순절 날에 일어난 일과 10장에서 고넬료의 집에서 일어난 일이다. 1장 5절에서 주 예수님은 "요한은 물속에 침례 주었지만, 여러분은 며칠이 안 되어 성령 안에 침례 받을 것이기 때문입니다."라고 말씀하셨다. 이 일은 오순절 날에 발생했다. 그 후 베드로는 고넬료의 집으로 초대를 받아 복음을 전했다(10:1-48). 베드로가 말하는 동안 성령께서 이 이방인 가족에게 내려오셨다. 11장 15절부터 17절까지에서 베드로는 이 일이 오순절 날 유대인 믿는 이들에게 일어난 일과 똑같다고 알려 준다. 오직 이 두 가지 일, 즉 오순절 날에 일어난 일과 고넬료의 집에서 일어난 일만이 성령 안의 침례였다. 이것은 성령 안의 한 완전한 침례의 두 부분이었다. 첫째 부분은 모든 유대인 믿는 이들에게 침례 주는 것이었다. 만일 우리가 유대인 믿는 이라면 머리이신 주 예수님에 의해 오순절 날 자신이 베드로와 야고보와 요한과 함께 성령 안에 침례 받았다는 것을 깨달아야 한다. 둘째 부분은 모든 이방인 믿는 이들이 고넬료의 집에서 성령 안에 침례 받은 것이었다. 이 두 사건에 의해 성령 안의 침례 전체가 완전히 완성되었다(고전 12:13). 이것은 성취된 사실이다. 주 예수님은 거의 이천 년 전에 모든 죄인을 위하여 한 번 만에 영원히 죽으셨다. 내일 이백 명의 새 신자가 구원받을지라도 주 예수님께서 다시 그들을 위해 죽으러 오실 필요가 없다. 같은 원칙으로 모든 믿는 이들, 곧 유대인 믿는 이들과 이방인 믿는 이들은 한 번 만에 영원히 성령 안에 침례 받아 한 몸이 되었다. 이것은 부활하신 그리스도 즉 승천하신 머리에 의해 이루어졌다.

어떤 이들이 와서 우리에게 성령의 침례를 받았느냐고 묻는다면, 우리는 받았다고 분명하게 대답해야 한다. 만일 우리가 유대인 형제라면 이렇게 말할 수 있다. "저는 베드로가 침례를 받은 때인 오순절 날에 성령 안에 침례 받았습니다." 우리가 이방인이라면 이렇게 말할 수 있다. "저는 고넬료와 함께 성령 안에 침례 받았습니다." 주 예수님께서 언제 우리를 위해 죽으셨는가? 우리가 아직 태어나지도 않은 이천 년 전이었다. 이와 마찬가지로 고린도전서 12장 13절은 유대인 믿는 이들과 이방인 믿는 이들인 우리 모두가 이미 성령 안에 침례 받았음을 말해 준다. 우리는 육천 년 전에 타락했고 이천 년 전에 구속받았다. 그리고 얼마 뒤에 우리는 성령 안에 침례 받았다. 우리가 태어나기 전에 이 모든 일이 일어났고 모든 것이 성취되었다. 이제 우리는 이 축복 안으로 태어났다.

그리스도께서 우리를 위해 한 번 더 죽으실 필요가 없다. 이와 마찬가지로, 우리는 머리이신 분에 의해 한 번 더 침례를 받을 필요가 없다. 주님은 이미 한 번 만에 영원히 우리를 위해 죽으시고 한 번 만에 영원히 우리에게 침례를 주셨다. 이제 우리는 이렇게 말하기만 하면 된다. "아멘! 주 예수님, 당신은 저를 위해 죽으셨습니다. 아멘! 주 예수님, 당신은 그 영 안에서 저에게 침례를 주셨습니다. 아멘!" 이것이 기쁜 소식 곧 복음이다. 예수님은 나를 위해 죽으셨고 그리스도는 나에게 침례를 주셨다. 나는 어떤 것도 할 필요 없이 "아멘!"이라고 말하기만 하면 된다. 성경은 예수님께서 우리를 위해 죽으셨다고 말한다. 그러나 성경은 더 나아가 그리스도께서 우리를 한 몸 안으로 침례 주셨다고 말한다. 이것은 본질적인 면이 아니라 경륜적인 면이다. 그리스도께서 우리에게 침례를 주신 적이 없을지라도 우리는 여전히 구원받았을 것이고 여전히 하나님의 아들들이었을 것이다. 베드로와 다른 제자들은 사도행전 2장에서 오순절 날에 침례를 받았지만 그 전에 이미 구원을 받았다.

기적적으로 다른 언어들로 말하는 문제

1900년대 초에 오순절파가 미국에서 시작하여 서부 해안으로 확산하였는데, 한 특별 집회가 캘리포니아주 로스앤젤레스에 있는 아주사가(街)에서 열렸다. 그 후에 두 파의 두 교리가 생겨났다. 한 파는 온건파로서, 기적적으로 다른 언어들로 말하지 못한다면 성령 침례를 받지 않은 것이라고 말했다. 그러나 이들보다 더 강한 파는 기적적으로 다른 언어들로 말하게 하는 성령 침례가 없으면 거듭날 수 없다고 말했다. 이 오순절파 무리는 분열되었다. 심프슨(A. B. Simpson)은 그곳의 인도자들 중 한 명이었다. 그는 이러한 가르침들에 동의할 수 없었다. 그래서 그는 그들을 떠나서 기독교선교연맹을 만들었다. 남은 대다수의 온건파들은 계속 나아가 하나님의 성회를 세웠다.

그때 이후로 미국에서는 많은 오순절파 신자들이 기적적으로 다른 언어들로 말하지 못하면 성령 침례를 받지 않은 것이라고 믿는다. 어떤 이들에게는 그것이 거듭나지 않았음을 의미하기도 한다. 그러나 나는 기적적으로 다른 언어들로 말하지 못했음에도 1925년에 거듭났다는 완전한 확신이 있다. 이와 마찬가지로, 기적적으로 다른 언어들로 말해 본 적이 없는 많은 성도 역시 거듭난 이들이었다. 무디(D. L. Moody)와 스펄전(C. H. Spurgeon)과 다비는 기적적으로 다른 언어들로 말해 본 적이 없다. 마르틴 루터(Martin Luther) 역시 기적적으로 다른 언어들로 말한 적이 없다. 이 모든 위대한 사람들은 기적적으로 다른 언어들로 말하지는 않았지만 거듭난 이들이었다. 중국내지선교회의 창시자인 허드슨 테일러(Hudson Taylor) 또한 기적적으로 다른 언어들로 말한 적은 없지만 우리는 그가 거듭나지 않았다고 말할 수 없다. 케직 사경회의 많은 위대한 설교자들이 기적적으로 다른 언어들로 말한 적이 없지만 우리는 그들이 거듭나지 않았다고 말할 수 없다. 성경에는 내가 그 영 안에 침례 받지 않거나 기적적으로 다른 언어들로 말한 적이 없다면 거듭나지 않았다고 말하는 절이 없다.

1936년에 우리는 주님의 오순절 운동에 무언가가 있을지도 모른다고 생각했다. 또한 그들에 대해 우리의 마음이 좁아지지 않고 열려 있어야 한다고 느꼈다. 우리는 그들의 집회에 가서 얼마간 시간을 보내며 그들을 지켜보았다. 그들을 관찰하면 할수록, 나는 그들이 기적적으로 진짜 다른 언어들로 말하는지에 대해 더욱더 의심이 갔다.

사도행전 2장 4절에 있는 '다른 언어'에 대한 헬라어는 '글로사(glossa)'인 데 비해, 6절과 8절에서는 '지역어'에 대한 헬라어 '다이알렉토스(di-alektos)'가 사용된다. 2장에서 이 두 단어는 서로 바뀌어 사용된다. 이것은 다른 언어로 말하는 것이 단지 혀로 발성되는 음성이나 소리가 아니라, 지역어 곧 이해할 수 있는 어떤 언어임이 분명하다는 것을 가리킨다. 그러나 내가 다른 언어들로 말하는 사람들을 관찰해 볼 때, 그들 모두는 지역어라고 할 수 없는 소리로 말했다. 지역어는 이처럼 다른 언어들로 말하는 사람들이 발성하는 몇 마디의 소리로는 이루어질 수 없다. 내가 〈헬라어 행간역 성경(Greek Interlinear Version)〉을 사용하여 이 운동을 이끄는 미국인 지도자에게 질문을 던졌을 때 그는 적절한 대답을 해 주지 못했다. 이 때문에 나는 매우 실망했다. 그는 중국 오순절 운동의 최고 지도자였고 헬라어를 알았지만, 그런 말을 어떻게 지역어라고 할 수 있는지를 설명하지 못했다.

오순절파 집회에서 어떤 사람이 다른 언어들로 말할 때 네 음절만을 발성할 수도 있다. 다른 사람이 그를 위해 이렇게 통역할지도 모른다. "나의 백성이여, 때가 임박했다. 내가 속히 가리니 깨어 기도하여라. 열심을 내어 서로 사랑하여라. 복음을 전하여라." 다음 날에 그들 모두가 함께 모이고, 같은 사람이 전날 밤과 동일한 발성을 사용하여 다른 언어들로 다시 말할 것이다. 그러나 이날 밤에는 다른 사람이 이렇게 통역할지도 모른다. "나의 백성이여, 여기 교회에 큰 회관이 필요하다. 회관을 세우기 위해 여러분이 가진 돈을 기부해야 한다. 주님께서 여러분을 축복하실 것이다." 그다음 날에 그 형제가 같은 방식으로 또다시 다른 언어들로 말할 것이고, 또 다른 사람이 세 번째 방식으로 통역할 것이다. 언어학자라면 네 음절로 된 이 단순한 발성이 사흘 밤 모두 동일했다고 우리에게 말할 수 있을 것이다. 그런데 이 발성에는 매우 다른 세 가지 통역이 있었다.

이것은 이렇게 다른 언어들로 말하는 것이 진짜가 아니라 전적으로 사람이 만들어 낸 발성임을 나타낸다.

네다섯 음절로만 구성된 진짜 지역어는 없다. 오순절파 집회들에서 들었던 그와 같은 말은 혀로 만들어 낸 소리에 불과하다. 일본인들은 이와 같이 다른 언어들로 말할 때 일본인 어투로 말한다. 중국인들은 이와 같이 다른 언어들로 말할 때 중국인 어투로 말한다. 마찬가지로 멕시코인들은 다른 언어들로 말할 때 멕시코인 어투로 말한다. 나는 성경에 언급되어 있는, 진짜 다른 언어들로 말하는 것에 반대하지 않는다. 다른 언어들로 말하는 것은 성경에 있기는 하지만 오늘날 행해지듯이 단순히 혀로 내는 소리가 아니다. 성경에 있는 다른 언어들은 분명 지역어이며 전적으로 이해할 수 있고 의미가 있다. 이 문제에서 우리는 순수한 말씀으로 돌아가야 한다. 그것은 오늘날, 하나님을 추구하는 이들을 혼란스럽게 하는 이러한 세력이 있기 때문이다.

살아 있는 믿음으로 성령 안의 침례를 받아들임

우리는 살아 있는 믿음으로 성령 안의 침례를 받아들여야 한다. 그리스도의 몸과 바르게 연결되어 있다면, 성령 안의 침례를 받아들이는 위치에 있는 것이다. 우리는 성령 안의 침례가 이미 성취되었고 이제는 자신이 그리스도의 몸 안에 존재한다는 것을 깨달아야 한다. 우리는 몸과 올바른 관계를 유지하는 그리스도의 몸의 지체들로서, 살아 있는 믿음을 사용하여 성령 안의 침례를 자신의 것으로 요구할 자격이 있다. 주님의 구속하는 죽음의 가치를 받아들인 것과 마찬가지로 반드시 성령 안의 침례를 받아들여야 한다. 우리는 자신의 느낌이나 소위 은사의 나타남에 따라 주님의 구속하는 죽음의 가치를 받아들인 것이 아니다. 우리는 다만 믿음으로써 주님의 구속을 받아들였고 주님은 그것을 존중하셨다. 우리가 주님께서 우리의 죄들 때문에 죽으셨다는 성취된 사실을 믿을 때, 성령은 조용히 우리의 믿음을 존중하신다. 죄들의 용서와 신성한 생명이 우리에게 분배되고 우리는 안에 평안과 기쁨을 갖게 된다. 우리는 주님께서 그분의 유언장(신약)에 기록된 대로 성취하셨음을 다만 믿는다. 또한 이 유언장은 성령 안의 침례가 그리스도의 몸에 성취되었고 사람들에게 받아들여지기를 기다리고 있음을 말해 준다. 그리스도의 몸과 올바르게 연결된 우리는 살아 있는 믿음으로 단순히 그것을 받아들여야 한다. 우리가 주님께 진지하다면, 주님은 우리의 믿음을 존중하실 것이고 우리는 성령 안의 침례를 체험할 것이다.

13

믿는 이들의 변화와 성장, 그리고 그리스도의 몸의 건축에서 볼 수 있는 신성한 경륜

The Divine Economy
in the Transformation and
Growth of the Believers and
the Building Up of the Body of Christ

제13장

믿는 이들의 변화와 성장, 그리고 그리스도의 몸의 건축에서 볼 수 있는 신성한 경륜

성경: 고후 1:21-22, 3:3, 6, 17-18, 고전 3:9-12, 16, 6:19, 17, 엡 2:20-22, 4:13-16

기도: 주님, 당신의 기록된 말씀에 얼마나 감사한지요. 주님, 이 며칠 동안 우리에게 주님의 말씀을 활짝 열어 주심에 감사드립니다. 주님의 정결하게 하는 피와 기름 바르시는 영에 대해 당신께 감사드립니다. 주님, 또한 교회들에 대해 당신께 감사드립니다. 휘막으로부터 말씀하신 것에 참으로 감사드리고, 우리에게 더욱 말씀해 주실 것을 믿습니다. 주님, 우리에게 맑은 생각과 추구하는 영과 받아들이는 마음을 허락해 주십시오. 당신의 마음을 열어 주시고, 당신의 경륜을 보여 주시며, 우리 모두를 당신의 말씀의 실재 안으로 이끄시어 주님 자신을 새겨 주십시오. 우리는 당신 안으로 들어가 온종일 당신을 누리기를 갈망합니다. 오, 주님, 승리하십시오. 우리 모두 안에서 입지를 얻으시고, 당신의 원수를 패배시키십시오. 어둠의 권세를 멸망시키시고 당신의 풍성을 해방하시며 우리 모두를 해방해 주십시오. 교회 안에서 주님께 영광이 있기를 바랍니다. 아멘.

생명의 영과 능력의 영

나는 우리가 생명의 영과 능력의 영의 차이를 분명히 알 수 있기를 바란다. 신약은 생명의 영을 숨(요 20:22)과 물 마시는 것(고전 12:13, 요 7:38-39)에 비유한다. 능력의 영은 바람(행 2:2)과 옷(눅 24:49)에 비유된다. 생명의 영과 관련하여 우리는 그분을 숨으로 호흡해 들이고 그분을 생수로 마셔야 한다. 능력의 영과 관련하여 우리는 엘리야의 겉옷으로 예표된 것(왕하 2:9, 13-15)처럼 그분을 제복으로 입어야 한다. 생명의 영께서 내주하시는 것은 본질적인 것이고 우리의 생명과 생활을 위한 것이다. 능력의 영께서 부어지시는 것은 경륜적인 것이고 우리의 사역과 일을 위한 것이다.

숨을 호흡해 들이는 것은 우리의 생명을 위한 것이지만, 강력한 바람은 능력으로서 우리가 일을 수행하기 위한 것이다. 물을 마시는 것 또한 생명을 위한 것이지만, 옷은 외적인 나타남을 위한 것이다. 호흡하고 마시는 것은 우리 육신의 생명에 가장 중요한 것으로서, 우리의 영적인 생명도 이와 똑같다. 생명을 얻고 살기 위해서는 영적인 숨과 영적인 음료가 필요하다. 세차게 부는 바람과 옷은 우리가 움직이고 행동하고 어떤 일을 하기 위한 것이다. 우리에게는 능력과 외적인 모습인 제복이 필요하다.

부활의 날에 생명의 영은 제자들 안에 숨으로 불어 넣어지셨다. 제자들은 그 숨을 받아들이고 생수를 마시기 시작했지만, 능력인 제복이 여전히 필요했다. 오십 일 후인 오순절 날에 그들은 높은 데서 오는 능력으로 옷 입혀졌다. 바로 이 능력이 그들의 외적인 모습인 제복이 되었다. 교회의 머리이신 분은 그분의 모든 믿는 이를 한 영 안에서 한 몸 안으로 침례 주셨다(고전 12:13).

그 영께서 나타나심

고린도전서 12장 7절부터 10절까지는 그 영께서 나타나시는 것과 관련된다. 그 영께서 나타나시는 것은 그 영의 본질적인 방면과 경륜적인 방면의 결과이다. 본질적으로 우리는 생명의 영을 우리의 본질로 받아들였다. 경륜적으로 그 영은 우리에게 내려오셔서 그 영 안의 침례를 성취하셨다. 본질에 경륜이 더해질 때 우리의 기능이 나오게 된다. 우리 육신의 출생은 본질적인 것이고 우리가 받는 교육은 경륜적인 것이다. 우리는 적절한 교육을 받은 후에 많은 것을 할 수 있으며 그것들을 하는 것이 곧 우리의 기능이다. 이러한 기능은 우리의 본질적인 출생에 경륜적인 교육이 더해져서 나온다. 모든 단체 안에서 사람들은 기능을 발휘하고 있으며 그들의 기능 발휘가 곧 그들의 능력의 나타남이다.

고린도전서 12장에는 그 영의 나타나심이 있다. 첫째로 생명의 영은 본질적으로 우리를 거듭나게 하셨고, 둘째로 능력의 영은 경륜적으로 우리에게 내려오셨다. 이제 우리는 거듭나고 능력을 입은 믿는 이들이므로 기능을 발휘할 수 있다. 우리의 기능이 곧 그 영의 나타나심이다. 생명의 영의 거듭나게 하심과 능력의 영의 침례와 그 영의 나타나심에 주님께 감사드린다. 본질적인 생명의 영은 우리의 거듭남을 위해 있고, 경륜적인 능력의 영은 하나님의 경륜을 위해 있다. 그 영께서 나타나시려면 반드시 그 영의 두 방면, 곧 생명의 영과 능력의 영이 필요하다. 그 영의 나타나심은 생명과 능력 모두의 영에 의해 이루어진다.

고린도전서 12장 7절은 "각 사람에게 그 영께서 나타나시는 것은 사람들이 유익을 얻도록 하려는 것입니다."라고 말한다. 이것은 주로 우리 개인의 유익이 아니라 다른 이들의 유익 곧 교회 건축의 유익을 위한 것이다. 8절은 어떤 사람에게는 그 영을 통하여 지혜의 말씀을 주시고 어떤 사람에게는 지식의 말씀을 주신다고 말한다. 지혜의 말씀은 그 영의 나타나심의 가장 높은 방면이다. 죽은 것은 결코 지혜가 있을 수 없다. 컴퓨터는 놀라운 것이지만 지혜를 가질 수 없다. 지혜를 가지려면 우리는 반드시 살아 있는 사람이어야 하고 성숙해야 한다. 생명의 성장을 통한 생명의 신장(身長)이 있어야 한다. 보통은 나이 든 사람이 지혜가 더 많은데, 왜냐하면 지혜는 생명의 신장 곧 생명의 성숙에서 나오기 때문이다.

우리는 지혜가 지식보다 훨씬 높다는 것을 깨달을 필요가 있다. 고린도전서에 있는 지혜는 하나님께서 우리의 몫이 되시도록 미리 정하신 하나님의 깊은 것들이신 그리스도를 가리킨다(1:24, 30, 2:6-10). 하나님의 깊은 것들은 바로 그리스도이다. 하나님은 하나님의 깊은 것들이신 그리스도가 오늘날 우리의 몫이 되시도록 미리 정하셨다. 우리는 아들께서 우리와 함께 계시기 위해 아버지와 함께 그 영으로 말미암아 오셨음을 이미 보았다. 이것이 지혜의 말씀이다. 지혜는 지식보다 더 깊다. 지식은 단순하지만 지혜는 심오하다. 사역을 위한 집회에서 어떤 말씀은 지혜의 말씀이고 어떤 말씀은 지식의 말씀이다. 지혜의 말씀과 지식의 말씀은 그 영의 나타나심에 대한 첫째가는 두 항목이다.

과거에 나는 우리의 집회 안에 그 영의 나타나심이 있느냐는 질문을 받은 적이 있다. 그렇게 질문한 사람들이 말하는 그 영의 나타나심은 다른 언어들로 말하는 것, 다른 언어들을 통역하는 것, 예언하는 것, 병든 사람을 치료하는 것, 기적들을 행하는 것을 의미했다. 그들은 우리의 집회 안에 그 영의 나타나심이 있는지 없는지에 관해 물었다. 그때 나는 말씀을 통하여 그 영의 나타나심의 가장 높은 항목들이 다른 언어들로 말하거나 다른 언어들을 통역하는 것이 아니라 지혜의 말씀과 지식의 말씀임을 지적해 주었다. 모든 집회 가운데서 우리에게 있는 그 영의 첫 번째 나타나심은 지혜의 말씀이고 그다음은 지식의 말씀이다.

'다른 언어들로 말하는' 사람 중 많은 이는 자신이 말하는 다른 언어가 진짜가 아님을 알면서도 여전히 다른 언어로 말한다. 1963년에 오순절파 신문에 어떤 기사를 쓴 기자는 다른 언어들로 말하는 사람 이백 명을 조사한 결과 그들 모두가 자신이 말하는 다른 언어가 진짜인지에 대해 의구심을 품고 있다고 말했다. 이어서 그 기자는 전혀 의심할 필요가 없다고 하면서 '다른 언어들로 말하기'를 계속하라고 격려했다. 미국에서 1963년에 있었던 여름 훈련 집회 중에 나는 한 형제에게 부탁하여 성도들에게 이 기사를 읽어 주었다. 그런 다음 이렇게 질문했다. "여러분은 오순절 날 다른 언어들로 말한 백이십 명이 자신이 말한 것이 진짜 다른 언어였는지에 대해 의심했다고 믿습니까?" 분명 그들 중 누구도 의심하지 않았다. 다른 언어들로 말한 그 이백 명 모두가 왜 의심했겠는가? 그 이유는 그들이 말한 다른 언어들이 진짜가 아니었기 때문이다.

1963년에 나는 샌디에이고에 있는 한 오순절 단체에 말씀을 전하도록 초청받았다. 내가 집회에 있을 때 그들은 다른 언어들로 말하기와 통역을 실행했다. 나는 우리가 오직 살아 계신 그리스도만을 주의해야 하고 그분께서 우리의 초점과 표적과 목표와 모든 것이 되셔야 한다고 교통했다. 집회 후에 우리는 모두 숙소로 돌아왔다. 그들은 나에게 간단한 식사를 마련해 주었고 나는 잠자리에 들었다. 그때 이 단체의 목사와 그의 아내는 나와 동행한 한 형제에게 안수하여 다른 언어들로 말하도록 할 기회가 있었다. 그들은 그에게 중국어나 영어로 말하지 말고 그가 모르는 어떤 말이든 해 보라고 했다. 그는 무엇을 말해야 할지 몰랐으므로 아무 말도 할 수 없었다. 우리와 함께한 또 다른 형제는 목사와 그의 아내가 알아듣지 못하도록 중국어로, 어떤 것이든 말하지 않으면 그들이 결코 보내 주지 않을 것이라고 말했다. 그러니 무의미한 말을 몇 마디 하라고 중국어로 조언했다. 그렇게 해야만 잠을 자러 가도록 놓아줄 기세였다. 그의 아내는 해외에 거주하는 중국계 인도네시아인이었고 그는 아내에게서 인도네시아어를 조금 배운 적이 있었다. 그가 몇 마디 우스꽝스러운 인도네시아어를 말하자 그 단체의 인도자와 그의 아내는 '다른 언어들로 말한 것'에 대해 기뻐했다. 다음 날 아침에 나는 그 이야기를 전부 들었고 아침 식사를 하면서 그 목사가 속은 것을 말해 주었다. 나는 목사와 그의 아내가 도왔던 그 형제가 '다른 언어들로 말한 것'은 실은 자기 아내에게서 배운 인도네시아어를 몇 마디 한 것이라고 말해 주었다. 그런 다음 이렇게 말했다. "형제님, 우리가 전파할 때 그리스도로도 충분하지 않습니까? 왜 이와 같은 것을 전해야 합니까?"

이 오순절 단체에 있는 다른 인도자는 자신이 중국어로 말하는 은혜를 받았다고 우리에게 말했다. 그런 다음 그는 '다른 언어들로 말하기' 시작했다. 우리는 둘 다 중국인이었는데도 그가 하고 있는 말을 한마디도 이해하지 못했다. 나는 표준 중국어인 만다린어를 했고 나와 함께 있던 형제는 광둥어를 했다. 나는 그에게 나 자신은 만다린어를 하고 다른 형제는 광둥어를 한다고 말해 주었다. 또한 나는 우리 두 사람이 중국 전역을 여행하면서 많은 다른 지역어를 들었지만 그가 말하는 것을 한마디도 이해할 수 없다고 말해 주었다. 이것이 오늘날 다른 언어들로 말하는 사례이다.

고린도전서 12장 8절부터 10절까지에 열거된 그 영의 나타나심에 대한 아홉 항목 가운데, 다른 언어들로 말하는 것과 다른 언어들을 통역하는 것이 마지막으로 열거되어 있다. 그 이유는 그러한 은사들이 교회 건축에 있어 다른 항목들만큼 유익하지 않기 때문이다(14:2-6, 18-19). 이 두 항목은 꼬리이지 머리가 아니다. 머리는 바로 지혜의 말씀과 지식의 말씀이며, 이 두 가지가 그 영의 나타나심의 으뜸가는 항목이다. 이 아홉 가지 은사와 12장 28절부터 30절까지에 열거된 은사들 중에서 예견으로서의 신언, 믿음, 병 고치는 은사, 능력의 일을 행하는 것, 다른 언어들로 말하는 것, 다른 언어들을 통역하는 것은 기적적인 은사들이다. 나머지 모든 은사들, 즉 지혜의 말씀과 지식의 말씀과 신언자들이 신언함으로 하나님을 위해 말하는 것과 하나님을 말해 내는 것과 영들을 분별하는 것과 돕는 것과 다스리는 것 등은 생명이 성장함으로(고전 3:6-7) 발전되어 나온 은사들이다. 이러한 은사들은 로마서 12장 6절부터 8절까지에 열거된 은사들과 같다. 기적적인 은사들, 특히 다른 언어들로 말하는 것과 다른 언어들을 통역하는 것은 생명의 성장이 전혀 필요하지 않다. 고린도 사람들은 다른 언어들로 많이 말했지만 여전히 어린 아기들이었다(고전 3:1-3). 그러나 생명이 발전되어 나온 은사는 교회 건축을 위한 것으로서 생명의 성장 심지어 생명의 성숙이 필요하다.

고린도전서 14장 4절은 "다른 언어로 말하는 사람은 자신을 건축하지만, 신언하는 사람은 교회를 건축합니다."라고 말한다. 신언은 주로 하나님을 위해 말하고 하나님을 말해 내는 것이다. 이 신언 안에는 미리 말하는 것 즉 예견하는 것이 포함되어 있다. 우리가 주님을 위해 말하고 주님을 말해 낼 때 교회가 건축된다. 신언하고 주님을 말해 내는 것은 개별적인 성도뿐 아니라 교회도 건축하는 것이다. 뒤이어 5절에서 바울은 "다른 언어들을 통역해 주어 교회가 건축되도록 한다면 몰라도, 그렇지 않다면 신언하는 사람이 다른 언어들로 말하는 사람보다 더 큰 것입니다."라고 하면서 믿는 이들이 신언하는 것이 더 낫다고 말한다.

고린도전서 14장 6절은 "형제님들, 내가 여러분에게 가서 단지 다른 언어들로 말하고, 계시나 지식이나 신언이나 가르침으로 말하지 않는다면, 여러분에게 무슨 유익이 되겠습니까?"라고 말한다. 계시와 지식과 신언과 가르침은 모두 지혜의 말씀 또는 지식의 말씀이다. 이것은 교회 집회 가운데서 지혜의 말씀을 말하는 것과 지식의 말씀을 말하는 것이 그 영의 나타나심의 가장 높은 방면임을 다시 가리킨다. 어느 정도의 생명의 성장 곧 생명의 성숙이 없다면, 집회 가운데서 이런 종류의 말씀을 말하기가 어렵다. 지식의 말씀을 말하는 데에도 어느 정도의 생명의 성숙이 필요하다. 지혜의 말씀을 하려면 성숙과 배움이 더 많이 필요하다. 이것은 우리가 영적으로 출생할 때 받은 능력을 발전시켜야 한다는 의미이다. 이 능력은 생명의 성장에 의해 발전된다. 생명이 자라고 성숙한 결과로, 우리는 교회 건축을 위해 지혜의 말씀과 지식의 말씀을 할 수 있다.

교회 건축을 위한 생명의 성장과 변화

우리는 본질적으로 거듭났고 또한 경륜적으로 침례를 받았다. 이제 우리는 교회 안에서 그 영을 누리고, 그 영을 마시며, 모든 것을 포함하신 영을 접촉하고, 변화되고 있다. 아이들은 자라지 않으면 결코 신진대사적으로 변화될 수 없다. 달마다 해마다 아이들은 자라고 변화된다. 영적으로 말하면 우리도 마찬가지이다.

고린도전서 12장과 14장은 그 영의 나타나심을 다루지만, 고린도전서는 이것을 목적으로 기록되지 않았다. 고린도전서는 고린도 성도들에게 자랄 수 있는 길을 제시해 주기 위해 기록되었다. 3장에서 바울은 그는 심었고 아볼로는 물을 주었지만 하나님께서 자라게 하셨다고 말한다(6절). 이것은 고린도전서를 쓸 때 바울의 의도가 그 영의 나타나심을 발전시키려는 것이 아니었음을 의미한다. 바울은 지나치게 다른 언어들로 말하는 것을 특히 제한하고자 했다. 14장 7절부터 11절까지에 있는 사도의 예시는 고린도 믿는 이들이 '어떤 의미도 없이'(10절) '그 음조가 구별되지 않고'(7절) '분명하지 않은 소리'(8절)를 내면서, 다른 언어들로 말하는 것을 터무니없이 남용했다는 것을 시사한다. 또한 그들은 어느 곳에서든, 어떤 방법으로든, 어떤 상황에서든 다른 언어들로 말하여 이를 지나치게 사용했다. 그러므로 바울은 고린도 성도들이 별로 유익이 없는 작은 은사를 함부로 사용하거나 지나치게 사용하지 못하도록 바로잡고 제한했으며 그들이 더 큰 은사를 추구하여 교회를 건축하는 데 뛰어날 수 있기를 원했다(14:12).

고린도전서의 목표는, 혼에 속하고 육체적이며 육체에 속한 고린도의 믿는 이들을 격려함으로써 그들이 생명의 성장을 갈망하여 교회 건축을 위해 영적인 사람들이 되도록 하는 것이었다(2:15, 3:1, 14:37). 바울의 부담은 그들을 자라게 하는 것이었다. 바울은 그들이 하나님의 경작지이자 하나님의 건축물이며(3:9) 하나님의 경작지로서 자랄 필요가 있다고 그들에게 말했다. 바울은 심었고 아볼로는 물을 주었으며 하나님은 자라게 하셨다. 고린도 성도들은 생명의 영 안에서 자랄 필요가 있었다. 이러한 성장으로 말미암아 그들은 금과 은과 보석으로 변화될 수 있었다(3:12).

바울은 자신이 지혜로운 주 건축자로서 기초를 놓았지만 모든 믿는 이가 이 기초 위에 건축하면서 어떻게 건축할지, 즉 나무와 풀과 짚으로 건축할지 금과 은과 보석으로 건축할지에 주의를 기울여야 한다고 그들에게 말했다. 나무와 풀과 짚은 타고난 것들이지만 금과 은과 보석은 변화된 재료들이다. 우리 믿는 이들은 타고난 사람들이지만 신성한 생명으로 거듭났다. 이제 우리는 변화되어 금과 은과 보석이 될 수 있도록 이 신성한 생명 안에서 자라야 한다. 그럴 때 우리는 하나님의 성전이 될 것이다(고전 3:16-17). 하나님의 이 성전 안에 그 영께서 능력의 영이 아닌 생명의 영으로서 거하신다. 우리는 반드시 변화되고 함께 건축되어 생명의 영께서 안에 거하시는, 하나님의 성전이 되어야 한다. 하나님의 성전인 교회는 재료들이 함께 건축되고 단단히 짜 맞추어진 집이다(엡 2:21-22).

타고난 사람 안에서 우리는 매우 개인주의적이기 때문에 서로 하나가 될 수 없다. 심지어 남편과 아내조차 하나가 될 수 없다. 우리는 생명 안에서 자라고 변화되어야만 하나가 될 수 있다. 성장과 변화로 말미암아 우리는 함께 건축된다. 남편과 아내의 관계에서, 남편은 더 많은 생명과 변화가 필요하다. 남편이 자랄수록 즉 생명의 영 안에서 변화될수록 아내와 더욱 하나가 된다. 아내가 자라면 자랄수록 더욱더 변화되어 남편과 함께 건축된다. 우리는 매우 천연적이므로 우리 자신의 갈망과 의도와 호불호와 방식이 있다. 그러므로 아내와 남편이 하나 되기란 실로 어렵다. 남편은 빠른 사람인데 아내는 느린 사람일지도 모른다. 어떻게 빠른 사람이 느린 사람과 하나가 될 수 있는가? 밤에 남편은 창문을 닫기를 원하고 아내는 창문을 열기를 원할 수 있다. 그들은 어떻게 할 것인가? 서로 싸울 것인가? 그들은 모두 주님의 이름을 부를 필요가 있다. 우리가 주님의 이름을 부를 때, 그 영께서 우리 안에서 움직이심으로 우리를 생명 안에서 자라게 하신다. 생명 안에서 자람으로 우리는 변화되고 서로 하나가 된다.

오늘날 그리스도인들 가운데에는 다툼과 분열이 많다. 결혼 생활에는 항상 싸움이 있다. 남편과 아내는 결혼한 후에 결국 서로 싸운다. 우리 그리스도인들이 함께 모이지 않는다면 싸움도 없을 것이다. 그러나 일단 함께 모이게 되면 결국 싸우기 시작한다. 우리가 함께하는 처음 삼 일 동안은 주님을 향한 찬양으로 가득할 것이다. 그러나 삼 일째가 되면 의견 차이가 드러나기 시작할 것이다. 우리가 이 상황을 피할 수 있는 유일한 길은 생명 안에서 성장하는 것 즉 변화되는 것이다. 그 영의 기적적인 나타나심에 많은 주의를 기울이지 말고, 생명 안에서 변화되도록 생명 안에서 성장하는 데 온전히 주의를 기울이라.

우리는 고린도전서 12장과 14장에서 고린도후서로 계속 나아갈 필요가 있다. 고린도후서 3장 3절에서 바울은 믿는 이들이 그리스도의 편지라고 하면서, '이 편지는 먹이 아니라 살아 계신 하나님의 영으로 쓴 것이며 돌판이 아니라 육신의 마음 판에 쓴 것'이라고 지적한다. 이것은 능력의 영이 아닌 생명의 영으로 말미암아 우리 존재 안에 내적으로 새겨진 것이다. 이 내적인 새겨짐은 그 영의 기적적인 나타나심을 위한 것이 아니라 생명 안에서 성장하고 변화되며 교회를 건축하기 위한 것이다. 신약은 그 영의 능력을 강조하기보다 그 영의 생명을 강조한다. 신약은 그 영의 기적적인 나타나심을 강조하기보다 그 영의 새기심 곧 그 영의 조성을 강조한다. 본질적으로 우리 안에 계신 생명의 영은 그분 자신을 우리 안으로 새기고 계시며 우리를 그리스도의 모든 풍성으로 조성하셔서 그분의 복사판이자 재생산으로 만들고 계신다. 이것이 바로 교회를 건축하기 위한 변화이다.

주님의 회복 안에서 우리는 그 영의 기적적인 나타나심을 강조하지는 않지만 그 영의 생명과 생명 안의 성장과 생명 안의 변화를 강조한다. 우리는 날마다 자라고 변화되어야 한다. 생명 안의 성장과 변화를 실현하려면 반드시 주님을 접촉해야 한다. 우리 영 안에서 그 영을 접촉하는 방식으로 진실하게 주님의 이름을 부름으로써(딤후 2:22) 우리 온 존재를 그분께 열어 드려야 한다. 우리가 날마다 온종일 이것을 실행한다면, 생명의 영 곧 모든 것을 포함하신 영께서 우리 안에서 움직이시고 일하시어 우리를 만지시고 우리에게 빛 비춤을 주실 것이다. 그분은 우리의 실패, 잘못, 실수, 타고난 의도, 정욕으로 가득한 이기적인 욕망을 철저히 드러내실 것이다. 생명의 영은 우리 속에 있는, 신성한 생명에 속하지 않는 모든 것을 드러내실 것이다.

신성한 빛 곧 생명의 빛(요 8:12)이 비칠 때 우리는 자연스럽게 자백할 것이다. 우리는 이렇게 기도할 수 있다. "주님, 저를 용서해 주십시오. 저는 여전히 매우 이기적이고 천연적입니다. 저는 여전히 옛 창조물과 육체 안에 살고 있습니다. 주님, 당신을 살지 않는 것을 회개합니다. 가끔 당신을 살지만 항상 그렇지는 않습니다. 저는 대부분의 시간을 여전히 제 자신을 따라 살고 있습니다. 심한 죄를 저지르거나 나쁜 짓을 하지는 않지만 여전히 당신을 살지 않습니다. 사는 것이 여전히 저이고 그리스도가 아닙니다. 저는 제가 그리스도와 함께 십자가에 못 박혔고 이제는 더 이상 제가 사는 것이 아니라 그리스도께서 제 안에 사신다는 것을 분명히 압니다. 그러나 이것이 제 안에서는 너무 교리적입니다. 제 일상생활에서는 여전히 그리스도가 아니라 저입니다." 우리는 매일 이렇게 자백할 필요가 있다.

모든 성도가 우리를 칭찬하고 좋은 형제라고 말할지도 모른다. 그러나 우리는 자신이 그리 훌륭하지 않음을 주님의 생명의 빛 안에서 분명히 안다. 우리는 여전히 자아로 가득하여 타고난 생명 안에서 살며 항상 천연적인 방식으로 스스로 일한다. 우리는 주님을 신뢰하지 않는다. 매일 우리는 자신의 실패, 즉 그리스도를 살지 않고 영을 따라 행하지 않는 것(롬 8:4)을 주님께 자백해야 한다. 이것은 아주 좋은 실행이다. 매일 우리는 영을 따라 행하기를 실행하는 법과 주님과 한 영 됨을 실행하는 법을 배울 것이다. 주님과 합하는 사람은 주님과 한 영이다(고전 6:17). 우리는 실지적으로 주님과 한 영이 아님을 그분께 자백할 필요가 있다. 우리는 주님께서 긍휼을 베푸시고 은혜를 허락해 주시기를 구함으로 아침부터 저녁까지 온종일 주님과 한 영 됨을 실행해야 한다. 주님과 한 영 됨을 실행할 때 그리스도의 몸의 건축을 위해 자라고 변화될 것이다. 우리가 주님과 한 영 됨을 실행하고 영을 따라 이와 같이 행한다면 분열적인 의견이 전혀 없을 것이다. 어떤 형제와도 결코 싸우지 않고 교회와 하나가 될 것이다. 우리는 어디로 가든 어디에 있든 교회들과 하나일 것인데, 이것은 우리가 건축되었음을 의미한다.

오늘날 지구상 모든 믿는 이가 이렇게 자라고 변화되고 건축된다면, 온 땅에 얼마나 강한 예수님의 증거가 있을지! 우리가 이러한 하나 안에 산다면 이로써 온 세상이 확신을 갖게 될 것이다. 이런 이유로 주님은 다음과 같이 기도하셨다. "그들이 모두 하나 되도록 하여 주십시오. 아버지, 아버지께서 내 안에 계시고 내가 아버지 안에 있는 것같이, 그들도 우리 안에 있도록 하여 주십시오. 아버지께서 나를 보내셨다는 것을 세상이 믿도록 하여 주십시오."(요 17:21) 그러나 오늘날 그리스도인들 가운데서 보이는 상황은 끝없는 분열이다. 우리는 세상 사람들에게 복음을 전하려고 노력하지만 충격력은 그리 크지 않을 수 있다. 우리가 증거를 잃어버렸기 때문에 우리의 전파는 강력하지 못할 것이다. 우리는 하나를 잃어버렸다. 그리스도의 한 몸을 표현하는 대신에 분열에 분열이 거듭되고 있다. 이것이 바로 능력을 잃어버리고 충격력이 사라진 이유이다. 주님은 그분의 회복 안에서 그 영의 기적적인 나타나심과 관련된 많은 일에 관심을 두지 않으신다. 주님은 한 가지를 원하시는데, 바로 우리 모두가 생명 안에서 자라고 변화되어 그리스도의 몸을 건축하는 것이다. 우리는 그리스도를 살고 영을 따라 행하며 주님과 한 영 됨을 실행하는 이 한 길 외에는 어떤 길도 취해서는 안 된다. 그럴 때 우리는 매일 자라고 매일 변화되며 한 몸 안으로 건축될 것이다. 우리는 어디로 가든지 하나일 것이다.

하나님의 분배로 말미암아 또한 하나님의 분배를 위해 우리는 신성한 하나를 누린다. 우리가 이러한 하나 안에서 살 때, 하나님은 그분 자신을 우리와 다른 사람들 안으로 점점 더 분배하실 기회를 얻으신다. 그리스도를 살고 주님과 한 영 됨을 실행할 때, 우리는 주님께서 우리 주위에 있는 모든 사람에게 그분 자신을 분배하실 가장 좋은 기회를 드릴 뿐 아니라 우리 안에 신성한 생명의 분배를 더욱 받아들이게 될 것이다. 이렇게 하여 교회가 성장하고 주님의 회복이 증가할 것이다. 그럴 때 주님은 승리를 얻으시고 영광스럽게 되실 것이다.

14

예수님의 증거 곧 금등잔대들에서 볼 수 있는 신성한 경륜

The Divine Economy
in the Testimony of Jesus—
the Golden Lampstands

제14장

예수님의 증거 곧 금등잔대들에서 볼 수 있는 신성한 경륜

성경: 계 1:2, 4-5상, 9-13, 17-18, 20, 2:7, 11, 17, 26-29, 3:5-6, 12-13, 21-22, 19:10하

일곱 배로 강화되신 영

이번 장의 교통에서 우리는 신약의 마지막 책인 요한계시록에 이르렀다. 사복음서에서 우리는 아버지와 함께 그 영에 의해 계시는 아들을 본다. 사도행전에서 유다서까지 스물두 권의 책에서 우리는 아들로서 아버지와 함께하시는 그 영을 본다. 이 영은 모든 것을 포함하시고 복합되시고 과정을 거치신 생명 주시는 영이시다. 모든 것을 포함하시고 복합되시고 과정을 거치신 생명 주시는 영은 요한계시록에서 이제 일곱 배로 강화되셨다. 그분은 일곱 배로 강화되신 영이시다. 과정을 거치신 삼일 하나님의 궁극적인 완결이신 생명 주시는 영은 일곱 배로 강화되셨다. 요한복음 20장 22절에서 우리는 숨이신 그 영 즉 본질적인 영을 본다. 사도행전 2장과 10장에서 우리는 경륜적인 영을 본다. 고린도전서 12장에는 그 영의 나타나심이 있다. 결국 요한계시록에는 과정을 거치신 삼일 하나님의

궁극적인 완결이신 일곱 배로 강화되신 생명 주시는 영이 있다. 일곱 영은 등잔대의 일곱 등불이시고(계 4:5) 어린양의 일곱 눈이시다(5:6).

본질적으로 그 영은 오직 하나이시지만 경륜적으로는 일곱이시다. 하나님은 그분의 경륜과 기능에 있어서 일곱 배로 강화되신 영이 되신다. 요한계시록에서 이것은 본질의 문제가 아니라 기능의 문제 곧 경륜의 문제이다. 경륜적으로 말해서 그 영은 일곱 배로 강화되셨다. 실질과 존재에서 하나님의 영은 하나이시지만, 하나님의 운행하심의 강화된 기능과 일에서 하나님의 영은 일곱 배이시다.

경륜적으로 말해서, 하나님의 행정에서 하나님의 영은 행정을 집행하시는 아들의 눈 즉 일곱 영이시다. 이것은 기능을 위한 것이지 존재를 위한 것이 아니다. 우리가 무언가를 하려면 눈이 필요하다. 신성한 행정 안에서 그리스도는 그분의 눈이신 그 영이 필요하시다. 일곱 영이 없다면 그리스도는 눈을 가지실 수 없다. 그리스도는 하나님의 경륜의 중심적인 집행자이시지만 하나님의 경륜을 수행하시려면 그분의 눈인 일곱 영이 필요하시다.

주후 325년에 공식적으로 정해진 니케아 신경은 일곱 영에 관해 전혀 언급하지 않기 때문에 완전하지 않다. 이 신경은 일반적인 방식으로 삼일 하나님의 신격 즉 신성한 삼일성에 대해 말하지만 요한계시록에 있는 어떤 것도 다루지 않는다. 주후 325년에 니케아 신경이 만들어졌을 때, 히브리서와 야고보서와 베드로후서와 요한이서와 요한삼서와 유다서와 요한계시록이 성경에 포함되어야 하는지에 대해 의견이 여전히 일치되지 않았다. 그리하여 이 신경은 요한계시록에 포함되어 있는 진리와는 상관없이 만들어졌다. 주후 397년이 되어서야, 아프리카 북부 카르타고에서 열린 회의에서 요한계시록이 다른 여섯 권의 책과 함께 신약의 한 부분으로 인정되었다. 니케아 신경은 신성한 계시의 궁극적인 완결인 요한계시록을 포함하지 않기 때문에 완전하지 못하다.

예수님의 증거

주님의 긍휼로, 우리는 요한계시록에 예수님의 증거를 위한 일곱 배로 강화되신 영이 있다는 것을 보았다. '예수님의 증거'(계 1:2, 9, 20:4)는 모든 것을 포함한 표현이다. 이 모든 것을 포함한 용어를 정의하기란 그리 쉽지 않다. 예수님의 증거는 아들의 증거, 곧 아버지와 함께 그 영에 의해 오셔서 삼십삼 년 반 동안 이 땅에서 사셨고, 십자가에서 죽으심으로 우주를 깨끗하게 하시고 신성한 생명을 해방하셨으며, 죽은 사람들 가운데서 부활하시어 생명 주시는 영이 되신 분의 증거이다. 이 생명 주시는 영은 아들로서 아버지와 함께 오시며, 모든 신성한 속성과 모든 인간 미덕을 포함하여 신성과 인성과 인간 생활과 십자가에 못 박히심과 부활이 복합되어 계신다. 이와 같은 복합적인 증거가 곧 예수님의 증거이다. 이 증거는 하나의 상징을 갖고 있는데, 바로 금등잔대이다. 금등잔대는 예수님의 증거이다.

삼일 하나님의 체현

예수님의 증거인 금등잔대는 삼일 하나님의 체현이다. 금등잔대에는 세 가지 주된 요인이 있다. 첫째, 등잔대 전체가 금이다. 그것은 금으로 만들어졌을 뿐 아니라 금 자체이다. 성경의 예표에서 금은 항상 아버지 하나님의 신성한 본성을 상징한다. 더욱이 금등잔대는 금덩어리가 아니라 분명한 형태와 의도된 모양을 지닌 금세공품이다. 이것은 신격의 체현 곧 아버지의 본성의 체현을 상징하는데, 이 체현은 아들 그리스도이다(골 2:9). 그리스도는 하나님의 체현이시다. 셋째 요인은 하나님의 표현을 위해 빛 비추고 있는 일곱 등잔이다. 이 일곱 등잔은 하나님의 일곱 영이다. 이와 같이 등잔대에는 본성과 체현과 표현이 있다. 이 항목들에 근거하여 우리는 금등잔대가 삼일 하나님의 체현이라고 말할 수 있다.

요한계시록 4장 5절은 일곱 등잔이 일곱 영임을 말한다. 일곱 등잔이 일곱 영이므로 분명히 등잔대의 본질과 모양도 삼일 하나님께 속한 어떤 것이다. 이처럼 금으로 된 본질은 아버지 하나님을 상징하고 등잔대의 모양과 형태와 모습은 아들 하나님을 상징한다. 등잔대 안에서 우리는 아버지와 아들과 영을 본다. 따라서 금등잔대는 삼일 하나님의 체현이다. 아버지 하나님은 아들 안에 체현되어 계시고 아들은 그 영을 통해 표현되시는데, 바로 이것이 예수님의 증거이다.

요한계시록 1장에 따르면 금등잔대들은 교회들이다(11-12절). 각 지방에 있는 교회는 각각 하나의 금등잔대이며, 금등잔대는 예수님의 증거인 삼일 하나님의 체현이다. 따라서 각 지방에 있는 교회들은 삼일 하나님의 증가된 체현이다. 이러한 정의는 너무나 높고도 깊다. 사도 바울은 이렇게 높고도 깊은 교회의 방면에 대해 아무 말도 하지 않는다. 바울이 에베소 성도들에게 보낸 서신에서 교회는 그리스도의 몸(엡 1:22-23), 새사람(2:15), 하나님의 왕국, 하나님의 집(2:19), 성전, 하나님의 거처(2:21-22), 무한하신 하나님의 충만(3:19), 신부(5:25-27), 전투원(6:10-20)으로 계시된다. 그러나 바울은 교회들을 등잔대들이라고 말한 적이 없다.

등잔대들에 대한 이상과 교회들의 실재 혹은 실행

등잔대인 교회는 순전히 전적으로 하나님의 신성한 본성에 속해야 한다. 교회는 본질에 있어서 금이어야 한다. 또한 교회는 그리스도의 형상

곧 그리스도의 모양을 가져야 하고 그리스도의 모양과 형태가 있어야 한다. 더 나아가, 하나님의 일곱 영인 일곱 등잔이 교회의 표현이 되어야 한다. 이것이 바로 각 지방에 있는 교회이다. 우리가 보는 각 지방에 있는 교회들이 금등잔대와 같은가? 우리는 어느 지방에 있는 교회를 볼 때, 아버지의 신성한 본성을 가지고 아들의 모양과 형상 안에 있으며 그 영의 표현을 통해 나타나는 삼일 하나님의 체현인 금등잔대를 보는가? 등잔대들인 교회들에 대한 이상은 요한계시록 1장에 있지만, 실재 혹은 실행 면에서 각 지방에 있는 교회들은 2장과 3장에 있다. 거기에서 우리는 에베소에 있는 교회, 서머나에 있는 교회, 버가모에 있는 교회, 두아디라에 있는 교회, 사데에 있는 교회, 빌라델비아에 있는 교회, 라오디게아에 있는 교회를 본다. 이상은 실재 혹은 실행과 별개의 문제이다. 우리가 있는 지방에서 금등잔대를 보았다고 말할 때 우리는 이 두 방면, 즉 이상의 방면과 실재 혹은 실행의 방면을 분명히 알고 있어야 한다. 교회들의 실지 상태는 교회들에 대한 이상과 같지 않다. 그러나 하나님은 실지 상태를 이상의 실재로 만드시기 위해 일하고 계신다. 결국 교회들의 실지 상태는 금등잔대들인 교회들에 대한 이상의 실재와 부합하게 될 것이다.

등잔대들을 돌보시는 대제사장이신 사람의 아들

요한계시록 1장에서 요한은 일곱 지방에 있는 교회를 대표하거나 상징하는 일곱 금등잔대에 대한 이상을 보았다. 요한은 또한 등잔대들 가운데 계시는 사람의 아들이신 예수님을 보았다(계 1:13). 요한복음에서 우리는 요한이 주 예수님과 아주 가까웠음을 볼 수 있다(13:23, 19:26). 주님께서 승천하신 후에 요한은 그분을 다시 보았다. 이번에는 주 예수님께서 교회들 가운데 있는 대제사장으로 나타나셨다. 그분은 '발까지 닿는 옷을 입고' 계셨는데(계 1:13), 그 옷은 제사장의 의복이다(출 28:33-35). 그분은 등잔대들 가운데를 거닐고 계신다(계 2:1). 그분은 성소에 와서 등불을 손질하는 구약의 제사장(출 27:20-21, 레 24:1-4)과 같으시다. 등불을 손질하기 위해 제사장은 불에 탄 심지를 먼저 잘라 내야 했다. 등잔에 있는 심지는 빛을 발하기 위해 기름에 태워졌다. 심지가 타서 검게 되면 제사장은 심지의 검은 부분을 잘라 내야 했다. 이것이 바로 심지를 잘라 낸다는 의미이다. 다시 말해서, 등불이 더 잘 빛날 수 있도록 등잔을 깨끗하게 한다는 뜻이다. 이와 동시에 제사장들은 등잔들을 손질하기 위해 더 많은 기름을 더해야 했다.

주 예수님은 요한계시록에서 불에 탄 심지를 잘라 내고 기름을 더하기 위해 등잔대들 사이를 걸어 다니는 대제사장으로 나타나신다. 불에 탄 심지는 하나님의 목적에 부합되지 않는 것을 상징한다. 이것은 세상적이거나 죄로 가득하거나 육체에 속하거나 심지어 사탄적인 것일 수 있다. 불에 탄 심지는 전적으로 좋지 않은 어떤 것이다. 이러한 것들은 다듬어지고 잘라져야 한다. 교회들은 또한 더 많은 기름이 필요하다. 기름은 그 영을 예표하며(사 61:1), 요한계시록에서 기름은 일곱 배로 강화되신 영이다. 주 예수님은 등잔대에 더 많은 기름을 넣어 주기를 원하신다. 요한계시록 2장과 3장에서 주님은 심지를 잘라 내고 등잔대에 더 많은 기름을 더해 주는 대제사장으로 계셨다. 일곱 교회에게 보내는 거의 모든 서신에서 주 예수님은 몇 가지 나쁜 것을 잘라 내시고 그와 동시에 기름을 더하셨는데, 이는 교회 안으로 더 많은 영을 더해 주셨다는 것을 의미한다. 그분은 등잔대의 심지를 잘라 내시고 더 많은 기름을 더하시면서, 모든 금 등잔대를 순수하고 빛나게 하신다.

각 지방에 있는 교회에서는 심지가 불에 타는 일이 자주 발생한다. 그럴 때는 등잔대가 그리 빛나지 않을 수 있다. 오히려 검고 불에 탄 심지가 있다. 이때 주님께서 오셔서 불에 탄 검은 심지를 잘라 내실 필요가 있다. 또 어느 지방에 있는 교회는 기름이신 그 영이 수시로 부족할지도 모른다. 그러므로 주님께서 오셔서 각 지방에 있는 교회에 기름을 채워 주셔야 한다. 그러면 각 지방에 있는 교회는 불에 탄 심지로부터 깨끗해지고 더 많은 영으로 채워져 예수님의 증거로서 더 밝게 빛날 것이다. 이러한 방식으로, 한 지방에 있는 교회는 점점 더 건축되어 마침내 실지로 금등잔대가 된다. 이상에 따르면 한 지방에 있는 교회는 하나의 금등잔대이지만, 우리가 있는 지방에서의 교회의 실재 혹은 실행은 우리가 이상에서 본 것과 똑같지 않을 수 있다. 그러나 우리는 주님의 교회들이 실지로 금등잔대들이 되는 날이 올 것임을 믿어야 한다.

우리의 지방에 있는 교회가 금등잔대에 대한 요한계시록 1장의 이상과 아직 맞지 않는다고 느껴질지도 모른다. 그러나 우리가 "아직 아니다."라고 말한다는 것은 모든 교회가 실지로 금이 되는 때가 오리라는 소망이 있음을 가리킨다. 하늘에서의 사역을 수행하시는 주님의 의도는 각 지방에 있는 교회들의 불에 탄 모든 심지를 없애는 것, 즉 불필요하고 부정적인 것들을 잘라 내는 것이다. 의심할 바 없이, 각 지방에 있는 교회들 안에는 몇 가지 부정적인 것이 있다. 그러나 우리는 이러한 것들에 초점을 맞추어 비판적인 영으로 이야기하지 않도록 주의해야 한다. 비판적일 때 우리는 불에 탄 심지의 한 부분이 된다. 우리는 교회 집회와 사역 집회에서 주님께서 불에 탄 심지를 잘라 내시고 기름으로 등잔대들을 채우는 일을 계속하고 계신다고 확신한다.

해마다 각 지방에 있는 교회들은 금등잔대들의 실재 안으로 점점 더 이끌리고 있다. 금인 아버지의 본성이 교회들에게 더 많이 더해지고 교회들은 점점 더 아들의 형태 곧 그리스도의 형상으로 빚어지고 있다. 더욱이 기름이 등잔대들에 더해지면서 교회들은 더 많은 빛을 비추고 있다. 해마다 우리는 각 지방에 있는 교회들 안에서 더 많은 빛을 볼 수 있다. 이것은 제사장이신 주님께서 불에 탄 심지를 잘라 내시어 등잔들을 깨끗하게 하시고 기름으로 등잔대들을 채우심으로써, 교회들 안에 아버지의 본성과 아들의 형상과 그 영의 표현이 증가하고 있음을 의미한다. 〈회복역 성경〉 각주와 《라이프 스타디》 메시지의 도움을 받아 말씀 안에 뛰어들 때, 우리는 아버지의 금의 본성에 더욱 동참하게 되고(벧후 1:4) 주님은 우리를 더욱더 그리스도의 형상으로 빚으시며 그 영의 기름을 더 많이 우리 안에 더하실 길을 얻으신다. 그럴 때 등잔대는 더 밝게 빛날 것이다. 각 지방에 있는 모든 교회들은 자신의 지방 안에서 빛나는 삼일 하나님의 체현이 되어야 한다.

모든 교회는 본질과 모습과 표현에서 서로 일치해야 함

나는 젊었을 때, 교회들이 똑같으면 안 된다고 배웠다. 이것을 가르친 교사들은 요한계시록 2장과 3장에 있는 일곱 서신을 근거로 하여 일곱 교회가 서로 다르다고 말했다. 그러나 성경의 계시에 따르면, 긍정적인 면에서 일곱 교회는 모두 동일해야 한다. 왜냐하면 일곱 금등잔대로 상징된 교회들이 본질과 모습과 표현에서 똑같기 때문이다. 등잔대들은 삼일 하나님의 증가된 체현으로서 서로 일치한다. 긍정적인 면에서 각 지방에 있는 모든 교회들은 서로 일치해야 한다. 상파울루에 있는 교회는 뉴욕에 있는 교회와 같아야 하고, 뉴욕에 있는 교회는 홍콩에 있는 교회, 도쿄에 있는 교회, 파리에 있는 교회, 런던에 있는 교회, 슈투트가르트에 있는 교회와 서로 일치해야 한다.

요한계시록 2장과 3장에 있는 일곱 교회에게 보내어진 일곱 서신에서, 교회들은 부정적인 면에서 서로 다르다. 일곱 서신은 각기 다르지만, 부정적인 면에서 서로 달랐던 것이다. 에베소에 있는 교회의 독특한 특징은 첫째가는 사랑을 버린 것이었다(2:4). 버가모에 있는 교회는 세상적이 되었다. 세상적인 것이 그들의 독특한 특징이었다(2:13). 두아디라에 있는 변절한 교회의 분명하고도 독특한 특징은 이세벨과 우상숭배와 음행과 간음이었다(2:20-22). 사데에 있는 교회의 특징은 죽어 있는 것이었고(3:1), 라오디게아에 있는 교회의 특징은 미지근함이었다(16절). 교회들은 부정적인 것들에서 서로 다르지만, 머리이신 그리스도께서 거닐고 계셨던 1장의 등잔대들은 전적으로 서로 일치한다. 긍정적인 면에서, 예수님의 증거인 등잔대들은 서로 달라서는 안 된다. 예수님은 서로 다른 증거들을 갖지 않으신다. 그분께는 오직 한 증거만 있는데, 바로 삼일 하나님의 체현이다. 그러므로 한 나라의 도시들에 있는 모든 지방 교회뿐 아니라 모든 나라의 모든 도시에 있는 모든 지방 교회가 똑같아야 한다.

1968년에 한 무리의 미국인 성도들이 대만에 있는 교회들을 방문했다. 교회들을 방문한 후에 어떤 성도가 매우 실망했다고 나에게 말했다. 그는 우리가 대만섬 어디를 가 보아도 각 지방에 있는 교회들이 모두 똑같다고 했다. 그가 이렇게 말할 때 나는 이것이 놀랍다고 느꼈다. 우리가 한 지방에 있는 교회를 본다면 모든 지방에 있는 교회들을 본 것이다. 우리가 온 땅에 걸쳐 있는 모든 지방 교회들을 방문했는데 그 교회들이 똑같다는 것을 깨달았다고 하자. 이것은 참으로 놀라울 것이다!

사람의 교만 때문에 우리는 자신이 다른 사람들과 같아지는 것을 좋아하지 않는다. 영국인들은 프랑스인들과 같아지는 것을 좋아하지 않고, 프랑스인들은 미국인들과 같아지는 것을 원하지 않는다. 영국인 형제들은 자신들이 인내심이 많은 사실을 자랑으로 여겨, 인내심이 적은 미국인 형제들을 멸시할지도 모른다. 영국의 어떤 지방에 있는 교회는 인내심이 많은 교회일 수 있고, 반면에 미국의 어떤 지방에 있는 교회는 인내심이 없는 성급한 교회일 수 있다. 사람의 교만은 항상 다른 사람들과 달라지기를 좋아한다. 여러분은 어떤 것을 말할지도 모르지만, 나는 내 자존심 때문에 여러분이 말한 것을 결코 말하려고 하지 않을 것이다. 나는 여러분이 말한 것과 다른 것, 즉 새롭고 더 좋은 것을 말하고 싶어 한다. 이것은 자아이며 육체에 속한 교만이다. 우리 모두는 어떻게 다른 교회들을 따라야 하는지, 어떻게 교회들과 하나가 되는지, 어떻게 교회들과 같아지는지를 배워야 한다.

우리는 교만 때문에 다른 교회들과 같아지기를 원하지 않을 수 있다. 그러나 신성한 경륜에 따르면 우리는 같아질수록 더욱더 영광스럽게 된다. 다른 이들을 본받고, 다른 이들을 따르며, 다른 이들과 영 안에서 하나가 되는 것은 영광스러운 일이다. 우리는 서로 배우고 조절해 주며 서로에게서 은혜를 받아야 한다. 상파울루에 있는 교회는 로스앤젤레스에 있는 교회를 도와주고, 로스앤젤레스에 있는 교회는 슈투트가르트에 있는 교회에게서 도움을 받는다. 서로에게서 신성한 도움을 받는다면 우리 모두는 같은 종류의 형상으로 즉 같은 모습으로 형태 지어질 것이다. 우리가 등잔대로서 지니는 형상은 국가적인 특징들 중 하나가 되어서는 안 된다. 독일에 있는 교회들이 독일의 특징을 띤 형상을 지녀서도 안 되고, 미국에 있는 교회들이 미국의 특징을 띤 형상을 지녀서도 안 된다. 온 땅에 걸쳐 있는 교회들은 서로 다른 풍미를 지녀서는 안 된다. 모든 교회가 유일한 풍미 곧 삼일 하나님의 풍미를 지녀야 한다. 각 지방에 있는 모든 교회가 오직 한 특징, 곧 아버지와 함께 그 영에 의해 계시는 아들의 특징만을 지녀야 한다.

나는 우리 모두가 이 이상을 보기 바란다. 이상이 지배한다. 잠언 29장

18절은 "이상이 없으면 백성이 제한을 벗어던지나"라고 말한다. 〈버클리 역 성경(Berkeley Version)〉은 "백성이 제멋대로 날뛴다."라고 말한다. 우리는 하늘에 속한 이상의 규제와 통제 아래 있으므로 거칠지 않다. 하늘에 속한 이상에 따라, 우리는 모든 교회가 금등잔대들이며 본질과 모습과 표현에서 같다는 것을 본다. 모든 금등잔대는 같은 모습을 지니고서 같은 인격, 곧 모든 것을 포함하신 그리스도의 인격을 증언해야 한다. 주님은 교회들이 실제 상황에서 실지로 금등잔대들이 되는 그러한 영광스러운 상황을 이끌어 오시기 위해 그분의 하늘에서의 사역에서 일하시고 움직이고 계신다.

15

하나님께서 선택하시고 구속하시고 거듭나게 하시고 변화시키신 백성의 궁극적인 완결인 새 예루살렘에서 볼 수 있는 신성한 경륜

The Divine Economy in the New Jerusalem as the Ultimate Consummation of God's Chosen, Redeemed, Regenerated, and Transformed People

제15장

하나님께서 선택하시고 구속하시고 거듭나게 하시고 변화시키신 백성의 궁극적인 완결인 새 예루살렘에서 볼 수 있는 신성한 경륜

성경: 계 21:1-3상, 6-7, 9-12, 14, 18-19상, 21-23, 22:1-2, 14, 17

지금까지 우리는 성경이 하나님의 경륜을 밝혀 주는 것을 보았다. 하나님의 경륜은 우리가 하나님의 생명과 본성에 동참하고 그리스도의 지체들이 되어 그리스도의 몸을 형성하도록, 하나님 자신을 그분의 선민 안에 분배하는 하나님의 가정 행정이다. 이것은 하나님께서 그분의 몸을 통해 영원토록 그분 자신을 표현하시기 위한 것이다. 신약 전체의 결론이자 심지어 성경 전체의 결론인 성경의 마지막 책에는 두 가지 큰 표징이 있다. 요한계시록의 시작에는 금등잔대들의 표징이 있고 끝부분에는 가장 큰 표징인 새 예루살렘의 표징이 있다.

등잔대에 관한 추가의 말

출애굽기에서 등잔대는 하나님의 체현이신 그리스도 자신을 상징한다

(25:31-37). 성전 안에 있는 등잔대는 확장된 그리스도를 상징하고(왕하 7:49), 스가랴서 4장 2절에 있는 등잔대는 하나님의 표현인 이스라엘 자손을 상징한다. 결국 성경의 마지막 책에는 등잔대에 대한 진리의 수확이 있다. 요한계시록 1장에 있는 등잔대들은 교회들을 상징한다(12-13, 20절). 요한계시록에는 한 등잔대만이 아니라 일곱 등잔대가 있는데, 이 등잔대들은 각 지방에 있는 교회들이다. 출애굽기에서 등잔대는 하나님의 체현이신 그리스도를 상징하고, 신약의 끝에서 등잔대들은 삼일 하나님의 증가된 체현인 교회들을 상징한다.

등잔대는 기본 요소가 두 가지뿐인데, 바로 금과 기름이다. 금은 견고한 형태이고 기름은 타는 요소이다. 이 두 요소가 합쳐질 때, 아버지의 본성과 본질, 아들의 형상과 모습, 그 영의 표현이 있는 하나님의 삼일성 안에서 그분을 표현하는 빛나는 등잔대가 있게 된다. 부정적인 것과 관련하여 제사장은 모든 부정적인 것들을 잘라 낸다. 긍정적인 것과 관련하여 제사장은 또한 등잔대에 더 많은 기름을 더해 주는 역할을 한다. 스가랴서 4장 12절은 등잔대의 기름이 금으로 된 기름임을 말해 준다. 등잔대의 두 요소는 금과 기름이지만, 스가랴서에 따르면 이 두 요소는 사실상 하나이다. 기름 자체가 금으로 된 기름인데, 그것은 금이 기름처럼 흐른다는 의미이다. 더 많은 기름이 등잔대에 더해질 때, 그것은 더 많은 금이 더해짐을 의미한다. 등잔대인 교회는 삼일 하나님의 견고한 체현으로서, 일곱 배로 강화되신 영을 기름으로 가진다. 사실상 기름의 본질은 금의 요소이다.

이것은 교회들의 체험으로 확증될 수 있다. 대제사장이신 그리스도께서 오셔서 모든 부정적인 것들을 제하시고 교회에 더 많은 기름을 더하실 때마다 그분은 사실상 일곱 배로 강화되신 영을 더욱 더하시는데, 이것은 교회생활 안으로 신성한 본성과 금을 더 많이 더하시는 것이다. 처음에는 어떤 지방에 있는 교회에 금이 그리 많지 않을지도 모른다. 그러나 시간이 지남에 따라 주님은 부정적인 것들을 잘라 내시고 기름을 더하신다. 결국 교회는 더 많은 금을 갖게 되어 신성한 본성이 더욱더 많아질 것이다. 이것은 삼일 하나님의 체현인 교회 안에서 인간적이고 타고난 모든 것은 감소하고 신성한 본성이 증가해야 함을 말해 준다. 우리의 육체와 자아와 타고난 사람, 그리고 옛 창조물과 관련된 우리의 모든 것과 심지어 우리의 선한 자아도 반드시 감소되어야 한다.

등잔대 심지의 검게 탄 부분은 우리의 육체와 타고난 사람과 자아와 옛 창조물을 상징한다. 교회생활을 하면서 자신의 타고난 생명과 자아와 육체와 옛 창조물을 가져온다면 이것은 등잔대 심지의 탄 부분이 된다. 그럴 때 우리의 대제사장이신 그리스도께서 오셔서 탄 부분을 잘라 내시고 제거하셔야 한다. 어떤 형제가 자아와 옛 창조물과 타고난 생명을 아주 많이 사용한다면 이 타고난 것들이 검게 된다. 그럴 때 우리의 머리, 곧 대제사장이신 그리스도께서 이 모든 검은 것들을 잘라 내시기 위해 오셔야 한다. 이러한 잘림이 계속될 때마다 기름이 더해지는 일이 수반된다. 이 기름은 사실상 금의 흐름이며, 신성한 요소이신 일곱 배로 강화되신 영이다.

일곱 교회에 대해 말하는 요한계시록 2장과 3장에서 우리는 심지의 검고 탄 모든 부분을 볼 수 있다. 에베소에 있는 교회 안에 냉담함이 들어왔고 첫째가는 사랑이 상실되었다(2:4). 이것은 검은 부분이었다. 버가모에 있는 교회 안에는 세상적인 것이 계급 제도와 함께 들어왔다(2:13-15). 요한계시록에서 대제사장이신 그리스도는 심지의 이 모든 검게 탄 부분들을 잘라 내고 계신다. 그와 동시에 그분은 교회들 안으로 기름을 더하고 계신다. 원칙적으로 오늘날도 마찬가지이다. 교회가 어떤 지방에 존재할 때 처음에는 다소 순수했을 것인데, 그것은 세상적인 것과 육체에 속한 활동들이 그곳에서 보이지 않았기 때문이다. 그러나 여러 해가 지나면 세상적인 것, 육체에 속한 활동, 사람의 의견, 천연적인 활동, 옛 창조물, 전통적인 것이 점차 들어올 수 있다. 그럴 때 이 검은 요소들을 잘라 낼 필요가 있다. 대제사장께서 오셔서 모든 부정적인 것들을 잘라 내시고, 일곱 배로 강화되신 영을 더 많이 더해 주신다. 본질에 있어서 그 영은 금의 요소이시고 심지어 하나님 자신이시다. 그 영께서 교회 안으로 더해지시는 것은 하나님의 신성한 요소가 교회 안으로 더해지고 있음을 가리킨다. 이러한 방식으로, 각 지방에 있는 교회들 안에서 육체와 타고난 생명과 옛 창조물이 감소하고 하나님의 신성한 요소가 증가하고 있다. 이러한 과정을 통해 교회들은 순수한 금등잔대들이 되는데, 이것이 오늘날 이 땅에 있는 예수님의 증거이다.

세계정세 속의 교회

요한계시록의 처음 세 장은 머리이신 그리스도께서 제사장으로서 손질하시고 다루시는 금등잔대들인, 각 지방에 있는 교회들에 관한 것이다. 3장 이후에, 4장과 5장은 그리스도에 관한 것이고 6장부터 20장까지는 하나님의 통치적이고 우주적인 행정에 관한 단락이다. 하나님의 이러한 행정은 모든 부정적인 것들을 심판하고 제거하여 온 우주를 정결하게 하고 청소하기 위한 것이다. 세계정세가 계속되는 동안 교회는 세계정세 속에 있다. 그러므로 이 단락 안에는 교회에 관하여 적어도 여섯 번의 언급이 있다. 7장 9절부터 17절까지에는 어린양의 보호하시며 덮으시는 돌보심을 받는 무수한 무리들이 있다. 큰 무리는 모든 세대에 걸쳐 각 민족에서 구속받은 이들로 이루어진다. 교회는 이 사람들로 구성된다(계 5:9, 롬 11:25, 행 15:14, 19). 온갖 재난들로 이루어진 심판이 일어나는 동안 그리스도는 그분께 구속받은 이들을 보호하시고 덮으실 것이다. 요한계시록 12장 1절부터 17절까지에는 사내아이를 가진 우주적인 여자가 있다. 이것은 하나님의 선민과 그들 가운데 있는 이기는 이들인 더 강한 이들을 상징한다. 큰 용을 하늘에서 땅으로 내던져지게 하는 것은 바로 사내아이이다. 14장 1절부터 5절까지에서 우리는 대환난 전의 믿는 이들 중 첫 열매인 십사만 사천 명을 본다. 이것은 하나님의 선민이 이 땅에서 자랄 때 그들 가운데 소수가 첫 열매 곧 이기는 이들이 될 것임을 의미한다. 15장 2절부터 4절까지에는 적그리스도의 박해 아래 있던 순교자들이 있는데 그들은 유리 바다 위에 서 있다. 이들은 후기 이기는 이들로서 대환난의 끝에 적그리스도를 이긴다. 19장 7절부터 9절까지에는 그리스도의 결혼을 위해 준비된 신부가 있다. 이 신부는 단체적인 신부로서, 일찍 성숙하여 그리스도의 결혼을 위해 그분의 신부로 준비된 이기는 이들의 무리를 가리킨다. 마지막으로 20장 4절과 6절에는 천국의 나타남 안에 있는 그리스도의 공동 왕들이 있다. 이 공동 왕들은 천 년 동안 그리스도와 함께 왕으로서 다스리는 이기는 이들일 것이다. 이 여섯 부분의 말씀 안에서 교회가 나타난다. 이것은 주님께서 믿는 이들을 이기는 이들이 되게 하시려고 즉 성도들을 성숙하게 하시려고 무언가를 하고 계신다는 것을 가리킨다. 이렇게 하시는 목적은 하나님께서 선택받고 구속받고 거듭나고 변화된 사람들의 궁극적인 완결인 새 예루살렘을 이끌어 오시는 것이다.

새 예루살렘과 함께하는 새 하늘과 새 땅

천년왕국 후에, 옛 하늘과 옛 땅은 불타서 사라지고 또한 새로워져 새 하늘과 새 땅이 되며(벧후 3:10-13) 새 예루살렘은 새 하늘과 새 땅 안에서 하나님의 영원한 표현이 될 것이다. 요한계시록은 요한이 새 하늘과 새 땅을 보았고 또한 거룩한 성 새 예루살렘을 보았다고 말한다(21:1-2). '보았다'라는 동사는 과거 시제인데, 이것은 새 예루살렘이 다가올 어떤 것만이 아니라 이미 다가왔고 지금 존재하고 있는 것임을 확증한다.

새 예루살렘과 함께하는 새 하늘과 새 땅은 그리스도의 죽음의 산물이자 결과이다. 그리스도께서 죽으심으로 옛 창조물을 말끔히 처리하셨으므로, 결국 옛 하늘과 옛 땅을 포함한 옛 창조물이 사라질 것이다. 그리스도께서 십자가에서 죽으심으로 옛 창조물 전체를 쓸어 내셨으므로, 어느 날에는 더 이상 옛 하늘과 옛 땅이 있지 않을 것이다. 옛 창조물의 모든 것이 끝날 것이다. 그분의 죽음으로 말미암아 옛 창조물이 종결되었고, 그분께서 밀알로서 죽으심으로 신성한 생명을 해방하시어 새 창조물을 발아시키셨다. 결국 요한계시록 21장과 22장에서 새 창조물이 최종적으로 완결될 것인데, 거기에서 옛 하늘과 옛 땅은 사라지고 새 하늘과 새 땅이 도래할 것이다. 이것은 새로운 우주와 함께하는 새로운 시작이며, 이 새로운 우주 안에 새 예루살렘이 있다.

새 예루살렘은 하나님께서 선택하시고 구속하시고 거듭나게 하시고 변화시키신 사람들의 총체를 상징하는 큰 표징임

등잔대들이 실지 등잔대들이 아닌 교회들의 표징들인 것처럼, 새 예루살렘은 실지 성이 아니다. 새 예루살렘은 하나님께서 선택하시고 구속하시고 거듭나게 하시고 변화시키신 사람들의 총체를 상징하는 큰 표징이다. 오늘날 교회는 하나의 집, 곧 살아 계신 하나님의 집이다(딤전 3:15). 오늘날 하나님의 집은 실지 집이 아닌 하나님의 백성의 총체이다.

오늘날 교회는 하나님의 성전이자 집이자 건물로서, 물질적인 실지 건축물이 아니다. 교회가 성전이자 집이자 건축물이라는 것은 교회의 기능이 삼일 하나님께서 거하실 수 있는 집이 되는 것임을 상징한다. 오늘날 교회는 하나의 집이며 영원 안에서 확대될 것이다. 교회는 확대될 때 하나의 성이 된다. 거룩한 성으로 확대된 교회가 물질적인 실지 성이 아닌 것처럼, 집인 교회도 물질적인 실지 집이 아니다. 하나의 성인 새 예루살렘은 교회의 영원 안에서의 기능이 하나님의 거처가 되는 것임을 상징한다.

많은 성경 교사가 새 예루살렘을 오해하고 잘못 해석했다. 그들은 새 예루살렘이 하나님께서 구속하신 모든 이가 거하기 위한 물질적인 곳으로서 하늘에 있는 대저택일 것이라고 말한다. 새 예루살렘이 하나님께서 구속하신 사람들이 거하기 위한 물질적인 대저택이나 물질적인 성이라고 말하는 것은 전혀 논리적이지 않다. 거룩한 성 새 예루살렘은 금으로 된 산이다(계 21:16, 18). 이 산은 길이와 너비와 높이가 만 이천 스타디온이다(계 21:16). 만 이천 스타디온은 약 이천이백 킬로미터로서 대략 뉴욕에서 댈러스까지의 거리이다. 이토록 높은 산에 오직 한 길만 있는데, 그 길은 산꼭대기에서부터 나선형으로 내려가 성의 네 면에 있는 열두 문 모두에 이른다.

이것이 거하기 위한 실지 성이라면, 우리는 어떻게 역대로 하나님께 구속받은 모든 이가 거기에 거할 수 있는지를 물어야 한다. 어떻게 그렇게 많은 사람이 나선형으로 된 큰길 하나만 있는 한 성에서 살 수 있겠는가? 어떻게 이 사람들이 큰길 하나만 있는 성안을 다닐 수 있겠는가? 오직 하나의 큰길만 있는 물질적인 성이 수많은 사람을 수용하기란 불가능하다. 거룩한 성은 하늘에 있는 물질적인 대저택이 아니라 하나님께서 선택하신 모든 사람의 총체를 상징하는 하나의 표징이다. 하나님께서 보시기에 오늘날 모든 구속받은 사람이 그분의 집인 것처럼, 그분께 구속받은 모든 사람은 큰 성과 같을 것이다. 하나님의 백성은 이 시대에서는 그분의 집이지만 영원 안에서는 그분의 성일 것이다. 새 예루살렘은 하나님의 백성의 궁극적인 완결일 것이다.

어린양의 아내

요한계시록 21장은 우리에게 이 성이 곧 아내라고 말한다(9절). 새 예루살렘은 어린양의 아내이자 어린양의 신부이다(21:2). 이것은 그 성이 유기적임을 가리킨다. 그 성은 물질적인 것이 아니라 하나의 생명체이다.

하나님의 장막과 하나님의 성전

요한계시록 21장은 또한 어린양의 아내인 이 성이 하나님의 장막, 곧 하나님의 거처라고 말한다(3절). 결국 새 예루살렘은 하나님과 그분을 섬기는 이들 모두를 위한 거처일 것이다. 구약에서 장막은 하나님의 거처인 동시에 제사장들이 봉사하는 거처였다. 하나님과 그분을 섬기는 제사장들 모두가 같은 장막 안에 거한다. 하나님께는 새 예루살렘이 그분의 거처이다. 그리고 우리에게는 하나님이 우리의 거처이신데, 그것은 요한계시록에서 새 예루살렘에는 성전이 없다고 말하기 때문이다. "전능하신 분 주 하나님과 어린양께서 그 성의 성전이시기 때문입니다."(21:22) 하나님과 어린양께서 그분을 섬기는 이들의 거처가 되신다. 이 말씀은 "오, 주님! 주님은 대대로 / 저희의 거처가 되어 주셨습니다."라고 말하는 시편 90편 1절과 일치한다. 그러므로 장막은 하나님을 섬기는 이들과 함께하는 하나님의 거처이고, 장막 안에 거하시는 하나님은 성전이시며, 이 성전은 하나님을 섬기는 이들의 거처이다.

다시 말하는데, 우리는 새 예루살렘을 하나님의 자녀들이 거하기 위한 물질적인 대저택이라고 하는 것이 얼마나 잘못된 관념인지를 깨달아야 한다. 요한계시록은 하나님 자신께서 즉 하나님과 어린양께서, 그분을 섬기는 우리가 거할 수 있는 성전이 되실 것이라고 말한다. 영원토록 우리의 거처는 하나님 자신이다. 우리는 대저택에 거하지 않고 하나님 안에 거할 것이다. 그분께서 우리의 성전이시고 우리는 그분의 장막이다. 그분은 우리 안에 거하시고 우리는 그분 안에 거한다. 이러한 상호 거함이 하나님께는 장막이고 우리에게는 성전인 새 예루살렘이다. 우리가 주님 안에 거하고 주님께서 우리 안에 거하실 때(요 15:5), 오늘 우리는 이것에 대한 미리 맛봄을 누린다. 이 상호 거처가 영원 안에서 새 예루살렘으로 확대될 것이며, 새 예루살렘에서 하나님은 우리의 거처이실 것이고 우리는 그분의 거처일 것이다.

새 예루살렘은 부활 안에 있음

우리는 물질적인 거처에 관한 생각을 버려야 한다. 신성하고 하늘에 속한 영적인 것들을 대할 때, 우리는 자신의 천연적인 생각들을 제쳐 두어야 한다. 나는 젊었을 때, 몇몇 성경 교사들이 '하늘에 있는 저택'에서는 무엇을 먹을지, 화장실은 어디에 있을지에 대해 토론하는 것을 들었다. 우리의 천연적인 생각을 끌어들이는 것은 얼마나 가련한지! 주 예수님은 사두개인들에게 그들이 성경을 모른다고 말씀하시면서 부활의 때에는 사람들이 '장가도 가지 않고 시집도 가지 않고 하늘에 있는 천사들과 같다'고 하셨다(마 22:30). 오늘날에는 결혼이 있지만 부활 안에서는 모두가 천사들과 같을 것이기 때문에 결혼이 없을 것이다. 새 예루살렘 안에서 모든 것은 부활 안에 있을 것이다. 요한계시록 21장 17절 상반절은 "사람의 자, 곧 천사의 자로 성벽을 측량하니"라고 말한다. 이것은 그때에는 사람이 천사들과 같을 것이라는 표시이다. 사람이 천사같이 되는 것은 부활의 원칙을 가리킨다. 그러므로 성 전체가 부활 안에 있을 것이다.

삼일 하나님을 누리고 변화됨으로 그분의 완전한 표현이 됨

새 예루살렘의 구성 요소들인 우리는 삼일 하나님을 우리의 모든 것으로 누릴 것이다. 우리는 그분을 거처로(계 21:22), 우리에게 음식을 주는 생명나무로(22:2), 우리를 만족하게 하는 생명수의 강으로(22:1), 우리를 밝게 비추어 주는 생명의 빛으로(21:23) 누릴 것이다. 모든 것이 하나님 자신일 것이다. 결국 우리는 금과 진주와 보석으로 완전히 변화될 것이다. 성 자체와 성의 길은 순금이다(계 21:18, 21). 성의 열두 문은 열두 진주이고(계 21:21), 성의 기초는 보석들로 단장되어 있다(19절). 새 예루살렘의 빛은 벽옥과 같으며(계 21:11) 하나님의 모습을 지니고서 빛남으로써 하나님을 표현한다.

하나님의 모습은 벽옥과 같으며(계 4:3) 성 전체가 벽옥의 모습을 지니고 있다. 이것은 새 예루살렘 전체가 하나님처럼 보인다는 의미이다. 이것은 창세기 1장 26절의 성취이다. 하나님은 그분의 형상대로 사람을 만드셔서 그분 자신을 표현하게 하셨다. 새 예루살렘이 도래할 때, 하나님의 백성 모두가 하나님의 표현과 하나님의 형상과 하나님의 모습을 지닐 것이다. 하나님의 백성 모두가 완전히 변화되어 삼일 하나님의 완전한 표현이 될 것이다. 오늘날 각 지방에 있는 모든 교회들은 각각 새 예루살렘의 축소판이다. 오늘날 하나님은 우리의 거처와 음식과 음료와 생명과 빛과 본성과 요소가 되심으로 우리의 표현이 되신다. 우리는 우주 안에 있는 하나님의 우주적이고 완결된 건축물인 새 예루살렘을 위한 귀중한 재료로 변화되고 있다. 새 예루살렘에서는 하나님께 구속받은 백성 모두가 하나님의 모양, 하나님의 모습을 지니고 있을 것이다(요일 3:2).

신성한 경륜

초판 인쇄일/ 1991년 8월 15일
개정판 인쇄일/ 2024년 6월 3일
개정판 발행일/ 2024년 6월 20일
저자/ 위트니스 리
역자/ 한국복음서원 편집부
발행인/ 이희득
발행처/ 한국복음서원
등록/ Ⓡ1978.3.6. 제16-12호

주소/ 경기도 성남시 중원구 사기막골로 124,
SKn테크노파크 비즈센터 B210호 (13207)
전화/ 1600-3191
팩스/ 031) 709-3389

ISBN/ 979-11-6857-201-0 03230

http://www.kgbr.co.kr
E-mail:kgbr@kgbr.co.kr

정가 10,500원